·"发现世界"丛书·

冷酷兵器

施鹤群 编著

上海辞书出版社

发现世界丛书编辑委员会

主　　编　褚君浩
编辑委员　（按姓氏笔画为序）
　　　　　马丁玲　王义炯　王福康　田廷彦　匡　柏　许华芳
　　　　　张明昌　范　氾　周玉枝　胡向武　施鹤群　潘重光

《冷酷兵器》

编　　著　施鹤群

总 序

世界亟待发现，发现改变世界。

人类虽是万物之灵，但对客观世界的了解，直至今天仍然有限，尚未发现的新规律和新事物还太多太多。而一旦发现了一条新规律、一个新事物，并合理地利用它们，世界的面貌就会有所改变，人类的生活就会更加幸福。

发现和发明的重要性，怎样强调也不过分。发现，是科学的华彩乐章，是科学的美妙景致，是科学中最振奋人心的一座座丰碑。科学工作者，包括我自己在内，当初选择这一职业，多因受到科学发现的巨大魅力的感召，和追求科学发现的巨大喜悦的诱导；不从事科学工作的人士，对科学的最直观印象，也是科学发现和发明带来的生活方式的变化。

亲爱的青少年读者们，科学的未来在你们身上，你们将来都有可能获得或大或小的发现，做出或大或小的发明！在此之前，除了在课堂上学习必要的科学知识外，再读一点有关前人如何获得发现、利用发现的故事，想必大有裨益，更充满乐趣。

由上海辞书出版社推出的"发现世界丛书",为大家准备了数学、物理、化学、天文、生物、医学、军事工程技术等学科中的大量发现故事。其中,有妙用无穷的《诡谲数学》,围绕着一些中小学的基本数学概念,谈文化,谈历史,谈生活,谈应用,谈思想,说明数学的思维方式在生活中无处不在,尤其是逻辑、概率、统计、博弈等数学分支中的发现,不仅实际应用广泛,而且对人们看问题的思路也会带来深刻的启迪;有"点石成金"的《惊奇化学》,涵盖早期化学发展历程、化学经典理论、化学新发现、人类健康与环境问题中的化学等四大主题,用全面真实的化学图景,激发读者对有趣又有用的化学的探究热情;有梦想成真的《发明奇观》,从众多的现代技术门类中,选取了十多个侧面,把这些技术诞生的情景真实再现给读者,说明技术绝非冷冰冰的,而是深度融入了现代人的生活,对人类更亲切,对环境更友善,通过展示技术的魅力,激发人们对技术科学的兴趣……所有这些,都能让读者领略到不同学科的发现之美。

当然,学科其实只是我们对知识的一种分类方式,它们的本质都是从不同的侧面揭示客观世界。因此，不同学科中的发现故事，都蕴含了类似的道理：面对大千世界，如何寻找发现的突破口；站在十字路口，如何确定发现的大方向；遇到重重障碍，如何走好发现的荆棘路；关乎芸芸众生，如何开掘发现的正能量。

  我一向认为，科普固然要把科学道理说清楚，更重要的是，要传播科学思想，弘扬科学精神。时下，科普书种类繁多，令人目不暇接，它们都试图努力给读者的人生带来深远而积极的影响。本丛书是其中独具特色的一个范本：时尚的表述方式、有趣的科学故事、清晰的逻辑线条；从科学发现、技术发明，到如何促进人类文明、社会生活……都有准确的描述。

  衷心希望广大青少年读者，以及中学教师朋友们，多提宝贵意见，以利科普作品水平的提高。

褚君浩
2013年7月

前 言

　　自从有文字记载以来，战争和兵器就一直与人类社会相伴相随。从某种意义上说，人类社会史就是一部战争史，科学技术发展史就是一部军事兵器发展史。人类社会战争连绵不断，武装冲突从未停止过。就在过去的20世纪中，从世纪之初的日俄战争到世纪之末的科索沃战争，战争和武装冲突没有间断过。

　　进入21世纪，从伊拉克战争到阿富汗战争、利比亚战争，枪炮声、炸弹爆炸声不断。现在，世界上还存在伊朗核危机、叙利亚危机和朝鲜核危机。战争和军事冲突给人类社会带来了无穷无尽的灾难。

　　随着科学技术的发展，出现了新能源、新材料、微电子技术、纳米技术、机器人、互联网，这些高科技在军事上的应用，促进了兵器的发展。原来的陆战兵器、海战兵器、空战兵器发生了变化，旧貌换了新颜。兵器世界中又诞生了一批新成员：核兵器、精确制导兵器、隐形兵器、微波兵器、网络战兵器，以及激光、次声、粒子束、纳米技术、机器人、互联网技术催生的各种高科技兵器。这些新兵器的出现和发展，使战争越来越残酷，破坏作用越来越大，使人类社会面临更大威胁。同时，新兵器和高科技兵器的出现和应用，也改变了战争的方法和样式。

笔者是50年前的海军中尉，在中国人民解放军的两所高等学府——南京军事学院和哈尔滨军事工程学院完成了专业军事教育。从此，笔者整日跟武器打交道，与军事共命运。"哈军工"曾经汇集了中国人民解放军的各种武器专家，各个军兵种的专业教研室里展示着各种各样的现代武器，耳濡目染，使笔者对陆海空三军的武器有了大概的了解。毕业后，笔者从事国防科研工作，与各种武器打交道。

笔者又是名科普作家，50多年的业余科普创作活动，特别是军事科普创作活动，使本人成为中国科普作家队伍中的一员。迄今已经发表了近千篇科普文章，其中不少文章涉及兵器和战争内容；出版了近百种科普图书，其中十多种为军事科普图书。由于职业习惯和科普创作需要，使笔者这个古稀老人时刻关注兵器世界的风云，密切注意各种兵器的发展动向。

十分感谢上海辞书出版社给了笔者创作《冷酷兵器》的机会，使本人能集中时间和精力对各种兵器的发展历程再次学习、认识和思考。笔者每天在"半夜鸡叫"时分起床，伏案创作，一天连续工作时间超过12小时，是花了许多个这样的日日夜夜才完成这部科普图书创作的。之所以这样专心、安心地从事本书的创作，是因为兵器实在冷酷。现实世界是崇尚实力的，许多事情是靠实力完成的，兵器是一个国家实力的代表，共和国的安全靠共和国的兵器来保证。

当今图书市场已有不少关于军事、兵器的图书，受到读者欢迎。但是，《冷酷兵器》是一本知识内容十分丰富的军事科普图书。它从众多的兵器门类中选取了20个门类、百多种兵器，对从古代冷兵器到现代兵器及正在研制、设想中的新兵器进行了介绍，介绍了这些兵器的过去、现在及未来，介绍了兵器的发展历史、原理概念、结构与组成、战斗性能及在战争中的应用，使读者对兵器世界有了全方位的了解。

本书是为广大中学生编写的军事科普图书，是兵器简史，同样适合于其他青年朋友，特别适合于对共和国安全负有责任的青年朋友，包括解放军官兵和国家公务员阅读。党的"十八大"提出要"加快推进国防和军队现代化"，"高度关注海洋、太空、网络空间安全"。读者在本书中可以体会到兵器在推进军事现代化过程中的重要作用，对现实的兵器世界和共和国的武器库有个粗浅的、概貌性的了解，从而增强对捍卫国家安全的信心和责任感。

读者在书中还可以获得许多有关兵器的知识，知道许多兵器的奥秘，了解它的构造、原理、战斗性能和战斗作用，读到许多精彩的战斗故事和趣闻轶事，从而丰富军事知识，开拓科技视野，培养人文情怀。

兵器和兵器技术凝结科学技术最新成就，高科技成果会最先在兵器中得到反映和应用。由于军事科学技术发展异常迅速，本书所介绍的内容，仅仅是军事科学领域中的一部分，加之编者水平有限，恐难免挂一漏万。不妥之处，恳请有关专家和广大读者批评指正。

本书在创作过程中参考了大量图书资料，其中许多来自网络，特别是兵器图片，这里要向原作者表示感谢。最后，要感谢蒋惠雍编审、董放先生的帮助和支持，使我顺利完成了本书创作；还要感谢张金星、李翀两位朋友为本书制作、加工处理了许多图片，为本书增色不少。

施鹤群

2014年11月

目 录

铁血冷兵器 　　001
　最早的冷兵器 　　001
　秦军的"血色青铜" 　　003
　刀光剑影写历史 　　004
　百步穿杨话射箭 　　006
　弩的声势威响 　　008
　冷兵器中的双胞胎 　　009

陆战场主战兵器 　　012
　步枪的祖先 　　012
　近代步枪的问世 　　014
　从半自动步枪到突击步枪 　　016
　步枪中的后起之秀 　　017
　陆战场宠儿——机枪 　　019
　枪械家族新成员 　　021

战争之神是火炮 　　025
　从铜火铳到"红夷炮" 　　025
　火炮家族三兄弟 　　028
　反法西斯战争的功臣 　　030
　反"绞杀战"勇士 　　033
　"超级大炮"之谜 　　035
　电磁炮引发"战法革命" 　　036

谁是陆战之王 　　039
　"陆地巡洋舰"美梦成真 　　039
　钢铁怪物的首次战斗 　　041
　成员众多的坦克大家族 　　042
　坦克"专业户" 　　044
　大显身手的主战坦克 　　047
　步兵的伴侣 　　049

挥之不去的战后恶魔 　　052
　形形色色的地雷 　　052
　能跳能飞的有腿地雷 　　054
　地雷怎样布设 　　056
　火眼金睛探地雷 　　058
　扫雷，任重而道远 　　060

海上钢铁堡垒 　　063
　"魔鬼武器"的格斗 　　063
　神奇的装甲战列舰 　　064
　装甲舰队黄海激战 　　066
　"大舰巨炮"主义的杰作 　　068
　"大和"号的覆灭 　　070
　漂浮的博物馆 　　072

水下隐蔽杀手 　　074
　乌龟艇的问世 　　074
　人力潜艇的悲壮一幕 　　076
　现代潜艇的诞生 　　077
　潜艇创造海战史奇迹 　　079
　"大国重器"核潜艇 　　081
　中国的海下"核盾牌" 　　083

海上浮动机场 086
"金鸟"号从巡洋舰上起飞 086
争夺"纯种母舰"的桂冠 088
偷袭珍珠港的元凶 089
"二战"中的航母明星 091
海上巨无霸 093
"辽宁舰"探秘 095

角逐,在濒海 098
"濒海作战"的由来 098
美国的"濒海战斗舰" 100
多种类型的"濒海战斗舰" 103
"濒海战斗舰"的克星 106

蓝天格斗士 108
"福克灾难"蔓延欧洲战场 108
肉搏战中的"骆驼" 110
"二战"中的著名战斗机 112
抗日空战明星 114
喷气式战斗机的空中格斗 115
角逐空战舞台的"擂主" 118
中国的新一代战斗机 120

空中飞行堡垒 123
第一架重型轰炸机 123

"空中暴徒"逞淫威 125
盟军轰炸机大显身手 126
"超级飞行堡垒" 128
"同温层堡垒" 129
隐形"黑蝙蝠" 131

蓝天"空中神探" 133
第一次空中侦察 133
老牌高空间谍U-2 135
空中谍王"黑鸟" 136
披上面纱的隐形神探 138
隐形神探新成员 140
空中指挥所 141

超低空杀手 143
从"竹蜻蜓"到直升机 143
直升机上战场 145
特种兵的坐骑 146
海湾战争中的空中杀手 148
马岛海战打头阵 149
战场多面手 151

长眼睛的炸弹 153
航空炸弹的发展历程 153
集束炸弹大显身手 155

多姿多彩的制导炸弹	157
"可放心炸弹"	158
百步穿杨的利器	**160**
从"神火飞鸦"到火箭导弹	160
蓝天"响尾蛇"	162
战绩显赫的"萨姆"导弹	163
"飞鱼"吃巨舰	165
"外科手术"的挖眼刀	166
"爱国者"对战"飞毛腿"	168
决胜千里的"战斧"	170
潘多拉魔盒中的恶魔	**172**
打开潘多拉魔盒	172
广岛上空的蘑菇云	173
插上翅膀的原子弹	175
西边升起的"太阳"	177
并不干净的中子弹	178
令人担忧的新核武器	180
军用卫星的克星	**182**
军用卫星失明之谜	182
激光打卫星试验	183
导弹怎样打卫星	185
中国反卫星试验	187
太空里的"智能卵石"	188
太空里的"地雷"	189
被禁闭的战场幽灵	**192**
伊普尔之雾	192
化学武器竞赛	194
侵华战争中的化学战	195
"白衣禽兽"的罪行	197
朝鲜战场细菌战	199
秘密战线的生化战	200
网络战登上战台	**202**
网络战与网络战兵器	202
网络战利器——计算机病毒	204
"沙漠风暴"中的计算机病毒武器	206
应运而生的网络战部队	207
研制中的新兵器	**209**
隐形兵器的天敌	209
让战机失魂的激光兵器	211
杀人不见血的次声兵器	213
粒子束兵器的奥秘	215
翻天覆地的纳米兵器	217

铁血冷兵器

2013年7月3日,湖北随州叶家山墓葬群的考古发掘现场被铁栅栏紧紧围住,武警把守着大门。这是西周曾侯墓葬群,其中规模最大的M111号墓的二层台上的文物,全部对媒体开放。

一个地下武器库的大门打开了,西周一个神秘的"曾国"——一个姬姓曾侯家族的面纱被揭开了。这个姬姓曾侯家族拥有上百件冷兵器,金戈、铜盾、箭镞、车马等十分齐全,令在场的记者和参观嘉宾大开眼界。如此多的兵器出现在三座曾侯墓中,足以佐证三位曾侯都是军事统领,让后人见识了中国古代铁血冷兵器的刀光剑影。

中国古代兵器跨越了原始社会、奴隶社会、封建社会,绵延数十万年。中国古代兵器的发展可分为石兵器、青铜兵器、铁兵器及古代火器四个历史阶段。前三个阶段归于冷兵器阶段,此后进入冷兵器与火器并用阶段,直到鸦片战争以后,西方近代火器传入中国,才逐渐结束了使用冷兵器的历史。

最早的冷兵器

冷兵器是指不带有火药、炸药或其他燃烧物,在战斗中直接杀伤敌人,保护自己的近战武器装备。它是冷兵器时代所有作战装备的总称,包括了进攻性兵器和防御性兵器。

冷兵器出现于人类社会发展的早期,是由耕作、狩猎等劳动工具演变而成的兵器。随着战争及生产水平的发展,冷兵器经历了由低级到高级,由单一到多样,由庞杂到统一的发展完善过程。

世界各国、各地冷兵器的发展过程各有特点,但基本可归结为石木兵器时代、铜兵器时代、铁兵器时代,以及冷兵器、火器并用时代。其中石木兵器时代延续的时间最长。自从火器出现后,冷兵器已不是作战的主要兵器,但因具有特殊作用,故其中的一些一直沿用至今。

冷兵器是古代战争的工具,也是古代社会发展的产物。最早的冷兵器是古代猿人采集石英石、砂岩、煌石等原料,经过敲打、磨制而成的。有扁、圆、方各种不规则形,有带刀的,有呈柱状。它们原本是劳动工具,由于生存竞争需要,原始氏族和部落之间经常发生暴力冲突,于是那些带有锋刃的生产工具被用做互相残杀的工具。

随着原始社会的发展,冲突与战争日益频繁而激烈,仅用有锋刃的生产工具已不适应作战需要,促使人们开始设计和制造专门用于杀伤和防护的特殊用具,它们逐渐与一般生产工具分离开来,出现了专用于作战的兵器。

冷兵器就这样出现了,最早出现的是石制冷兵器,并在古代战争中得到应用。战争又促进冷兵器的发展,出现了锤、斧一类打击型兵器和刀、镰、戈、铁一类切砍型兵器。其中,石戈、石刀、石矛、石铁等石制冷兵器是当时较为先进的石兵器,它们为后来冷兵器的发展奠定了根基。

中国古代传说中发生的涿鹿之战,用的就是冷兵器。人们把古代冷兵器的发明归功于蚩尤,或者是黄帝,这反映了部落联盟间的战争与兵器出现的历史联系。从考古发掘中,已获得了带锋刃的生产工具转化为兵器的资料。

1935年,中国考古工作者在浙江一些地区发掘出土了一批石兵器,有石斧、石锋、石毯、石铲、石锄、石叨、石镰、石戈等,它们多半采用迷石、硅质石炭岩、千层岩等石料,经过精心敲打、琢磨、钻凿而成。它们都是中国古代石制冷兵器的实物证据。

与石制兵器同时登台的,还有用兽骨、蚌壳、竹木等材料制作的兵器,有原始的木弩及可以抛发石弹的"飞石索"等。为抗御敌方进攻性兵器的杀伤,已经使用了由竹、木和皮革制造的盾,以及用藤或皮革制造的原始甲、胄。它们都是人类社会早期使用的冷兵器。

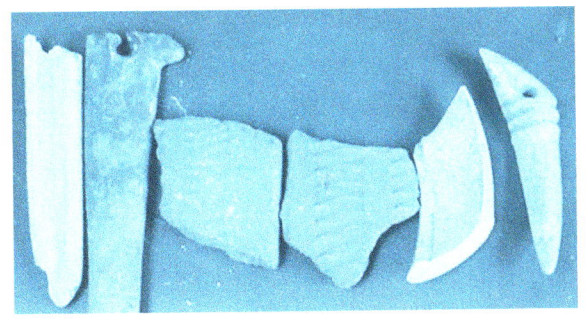

出土的石制兵器

秦军的"血色青铜"

秦朝作为中国第一个封建王朝,能并吞六国,统一华夏,靠的就是制作精良的青铜兵器。

青铜兵器时期从夏朝算起一直延续到春秋战国。在这一时期,战争连绵不断,随之中国奴隶制社会从兴盛走向没落。青铜兵器是从狩猎工具发展而来,古籍中有所谓"五兵",指的是矛、弩、剑、戈、锻。青铜兵器迅速崛起,很快为奴隶主贵族士大夫阶层掌握,并彻底取代古老的石兵器,成为车战时代军队中装备的主要兵器。

古代的青铜,实际是红铜与银锡熔炼的合金。用它铸造的器物呈现青灰色或青绿色,所以称之为"青铜器"。青铜兵器时期恰好与奴隶制社会相始终。奴隶主贵族统治阶级无不以其军事势力为支柱,用青铜兵器强化其专制地位,维持其统治,制服广大奴隶,也用青铜兵器扩大疆土,扩大自己的势力范围。

到战国晚期,铁制兵器开始登上战争舞台,中原青铜兵器逐步走向衰落。但在这个阶段铜兵器依然是短兵器的主力。秦军较多使用的仍是青铜兵器,并在铜兵器的形制和制作技术方面有所改进和发展,把中国青铜古兵器的冶炼铸造技术推到了最辉煌的巅峰。

青铜兵器的兵刃虽坚硬,但劈砍易折断,秦国的兵器工匠解决了这

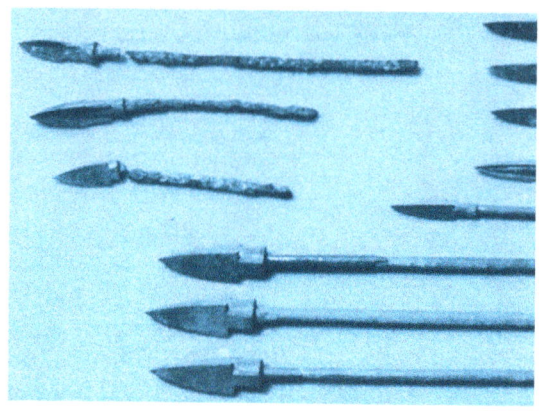
秦始皇陵中出土的青铜箭镞

个金属工艺问题,大大提高了青铜兵器的柔韧性。

1974年春,在陕西骊山秦始皇陵兵马俑坑中,出土了许多青铜兵器,有青铜剑、青铜铍、铜戈、铜戟、弩机、箭镞、铜殳等,有四万件之多,这些兵器几乎全由青铜铸成。这足以证明,青铜兵器是秦军武力统一中国的主要兵器,在建立中国第一个封建王朝时发挥了重要作用。

强大的秦军就是凭借这些"血色青铜"铸就的金戈铜剑、强弩利矛南征北战,吞灭六国,统一中国,创造了青铜古兵器最后的强音,是"血色青铜"成就了秦始皇统一中国的大业。

刀光剑影写历史

冷兵器种类繁多,按材质分为石、骨、蚌、竹、木、皮革、青铜、钢铁等兵器;按用途分为进攻性兵器和防护装具,其中进攻性兵器又可分为格斗、远射和卫体等类别;按作战方式分为步战兵器、车战兵器、骑战兵器、水战兵器和攻守城器械等;按结构形制分为短兵器、长兵器、抛射兵器、系兵器、护体装具、战车、战船等。

在冷兵器的众多种类中,刀这种单面长刃的短兵器历史最为长久,至今还可见到它的身影,还作为一种防身、自卫武器得到应用。

刀的最初形态,与铍非常接近,选用的石头多半是石英石、砂岩,也有燧石和水晶石。石料打制成的石刀质坚棱利,是砍劈工具。也有用蚌壳和兽骨磨制的蚌刀、骨刀,这类刀轻便锋利,适于砍削器物。到了商代,铜刀出现了,商代铜刀长度很短,充其量算把西瓜刀,还由于短刀重量较重,灵活性反而比不上短剑,西周受北方游牧民族影响,废刀用剑了。

从春秋战国时期起,刀的形状发生变化。如短刀在东晋就出现了变化,出现了两种刀式,一种是直窄样式,另一种是近代常见的宽体样式。西汉是铁的时代,钢铁制造的刀出现了。蓬勃兴起的炼钢业使西汉军队成为那个时代罕见的钢铁雄师,出现了许多不同形式的钢铁制造的长柄刀。长柄刀是一种单面长刃的短兵器,环首刀是一种长达1米的长柄刀。东汉末年,环首刀取代长剑,逐渐发展为一种步兵的主战兵器。

后来,环首刀进行了改进,增加护手,取消了刀柄端的圆环。到唐朝时,环首刀出现多种形式,其中的战刀称作横刀,而旧日的环首刀在中国完全绝迹。唐王朝的战刀传到了日本,成为太刀,3尺以下的称为小太刀,5尺以上的称为大太刀,或称野太刀。现今尚存的最长野太刀,全长7尺4寸,成为日本的国宝之一。

唐王朝在统一后应对的是以骑兵为主的北方民族军队。由于北方民族骑兵攻势凌厉,作战行动又具有隐蔽性、突发性,唐朝军队吃了不少亏。唐陌刀就在这种战争背景下出现了。

唐陌刀是一种长刀,它是用来对付高头大马的骑兵的。它与枪、矛一类冷兵器成为那时步兵主战兵器,其威力则胜于枪、矛一类冷兵器。陌刀在决定战役胜负的关键时刻能短时间内杀伤大

北宋李公麟《免胄图》中的唐陌刀

量敌人，震慑敌人，扭转战局。在唐朝军制中，陌刀装备于陆军中的重步兵，它作为长柄大刀，可以如墙一般推进，绞杀敌军正面有生力量，成为唐朝陆军先锋步兵集团冲锋陷阵的主要力量，与马军、骑兵一起构成唐作战的主要特色。

唐朝名将李嗣业有"陌刀将"之称，他使用唐陌刀屡建奇功。尤其在"安史之乱"的生死存亡战斗中，他率领五千安西士兵为军前驱，李嗣业陌刀队的壮汉，挥舞着四五十斤的长刀，不管眼前是什么，只管上步、挥刀，"如墙前进"，所向披靡。

百步穿杨话射箭

弓箭是古代的一种远射兵器，也是抛射兵器中最古老的一种弹射武器，它由富有弹性的弓臂和柔韧的弓弦构成。当弓箭手在拉弦张弓过程中积聚的力量在瞬间释放时，便可将扣在弓弦上的箭或弹丸射向远处的目标，用它来杀伤远处的敌人。

弓箭作为远射兵器，在春秋战国时期应用相当普遍，被列为兵器之首。汉代时，就制作弓箭用于实战，造出许多用于步战、水战、骑战的各种弓箭，有虎贲弓、雕弓、角端弓、路弓、强弓等多种。

汉代著名的"飞将军"李广，曾以其百步穿杨的射箭绝技威震边关。据说，李广使用的箭名叫"大黄箭"，有一次，李广巡视山麓，看见远处草丛里卧着一只老虎，他张弓搭箭射中了那老虎，走近一看，原是一块貌似猛虎的大石头。"大黄箭"透进石中约有数寸，外面只露出箭羽。这样，李广名声更大，人们赞誉李广有神力，故箭能穿石。

弓是用来发射箭的，种类多。唐代弓分为长弓、角弓、稍弓和格弓四种。长弓用作步战，角弓用于骑战，稍弓和格弓是狩猎用弓和皇朝禁卫军用弓。唐宋以后直到明清，弓的形制日趋单一化，大致可分为常用弓和练习弓。前者注重射击的准确度，后者练习张弓的臂力。明朝特别重视弓的选材与制作,一把弓上不同部位所用的材料,往往分别来自不同的地方。

不仅中国古代有弓箭,在中古时期,世界各地都出现有弓箭这种冷兵器。中古时期有多种类型的弓,有短弓、复合弓、长弓等。

短弓,长3~4英尺①,中等射程,容易制造和使用,应用范围广泛,是最常用的弓。

复合弓,以混合的木材或骨头构成的细长片制成,威力大。比较短的复合弓最适合作为马骑弓兵的武器,是蒙古骑兵利器。

长弓源于威尔士,后来传到英格兰,长6英尺,由一整块的木头制造。弓长为配合3英尺长的箭而设。在对付步兵时,不需要把弓拉得太紧就可以刺穿他们所穿的皮制护甲;在对付装甲士兵时,则须用力拉紧即可刺穿步兵或骑兵的装甲。长弓具有长远的射程和巨大的威力。中古时代的战场上,大批有经验的长弓兵可以杀伤大量敌人。

弓发射的箭,长约90厘米,箭头是铁的,箭杆粗直,可用多种材料制造,用山杨木、白杨木、接骨木、白桦木、柳木等较轻材质制作的叫"飞箭",射程较远;用白蜡木、角木等重材制作的叫"重箭",重箭射程较近,但穿透力强。箭尾粘有羽毛,以保持飞行稳定。

在中国和外国古代历史上,都十分重视弓的制作和使用。古代战争中,"两军相遇,弓弩在先"。无论是攻守城镇,还是伏击战、阵地战都可以弓箭为利器,"先下手为强"指的就是先用弓

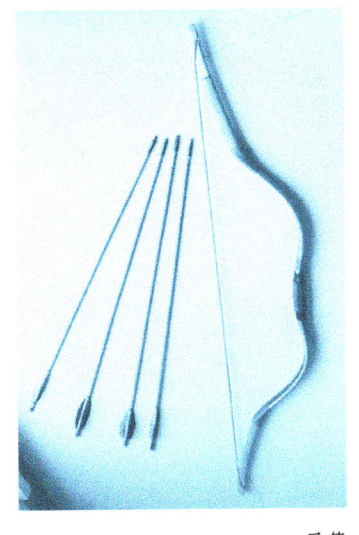

弓箭

---

① 1英尺=0.304 8米。

箭兵器。13世纪时,英国大力发展弓箭部队,弓箭是战场上最有效和用途最广的单兵武器。

弩的声势威响

弩是一种利用机械力量的弹射器,由于其使用时会发响,其声势威响如怒,故得名弩。

弩源于弓,由弓发展而来,是把强劲的弓固定在带有箭槽和发射装置的木或金属杠上,弓弦张开后,由发射装置定住,箭放槽中,弓弦接箭尾。发射时开动发射装置,箭沿着箭槽射出。有的弩还可以发射石弹、金属弹等。弩的威力远远大于弓。

在中国,弩最早用于打猎,约在春秋时代始用于战争,成为战斗兵器。秦代制造的用于战争的弩非常精密,它可以延时发射,也可以精确瞄准,和只靠臂力拉弦的弓不同。

弩用于战争,盛行于汉、晋至唐。中国各代弩的种类较多,性能也不尽一致。中国古代著名的弩有臂张弩、蹶张弩、连弩等。"臂张弩",是仅依靠人臂力张弓置箭的弩;"蹶张弩",同时利用臂、足或膝之力张弓的弩,它有两种引弓方法:一种是脚端出弩,用于强弩;一种是膝上上弩,用于弱弩;"连弩",可同时发射许多箭的弩,约出现于战国末期,专门为守城战设计的连弩弓力很大,要用十个人推动绞车才能上满弦,主要是用来射击城外敌人。

秦弩基本上都是蹶张弩,即脚踏弓干,臂拉腰拽,以全身之力上弦,所以弩的发射速度远

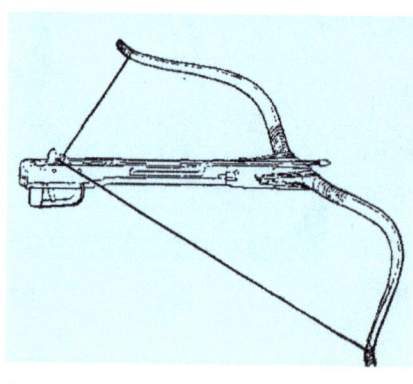

战国青铜弩

不如弓，但发射出的箭镞威力极大，飞行速度几倍于弓。所以弩机发射时，箭镞刺破空气，弓弦回弹与空气剧烈摩擦，发出很大响声。

在国外，冷兵器武器库也有弩。古希腊有一种带有机架的箭弩，射程达到300～400米，使用的箭长为44～185厘米。古希腊还有一种"波里色勒"箭弩，它具有箭射出后自动装好新箭的机械装置。

世界上几乎所有主要军事国家都出现、应用过弩这种冷兵器，出现了连射弩、自射弩、火箭弩等种类。一直到近现代射击火器出现后，弩才渐渐被淘汰，退出了战争舞台。

冷兵器中的双胞胎

在古代冷兵器武器库中有一对双胞胎武器，那就是矛与盾。矛是古代用来刺杀敌人的进攻性武器；盾是古代用来防卫自己的防御性武器，它们几乎同时诞生，有了矛，就有盾。

矛是一种刺杀兵器，构造简单，只有矛头、矛柄两部分。矛头分为"身"和"骹（jiāo）"两部分。矛身中部为"脊"，脊左右两边展开成带刃的矛叶，并向前聚集成锐利的尖锋。"骹"是用来连接脊的直筒，下粗上细，便于装柄。

矛是古代军队中大量装备和使用时间最长的冷兵器之一，历史久远，其最原始的形态是修尖的木棒。后来，为了增强杀伤效能，出现用石头、兽骨制成的矛头，缚在长木柄前端。青铜铸造技术的发展，出现了用青铜铸造的矛头。商朝时，铜矛已是重要的格斗兵器。从商朝到战国时期，一直沿用青铜铸造的矛头，只是在形制上有所改进。矛柄的制作也更为精细。从战国晚期开始出现了钢铁制造的矛头，到了汉代，钢铁制造的矛头才逐渐取代青铜矛头。那时的矛头形体加大并更加锐利。

不同国家、不同时期出现了不同种类的矛。春秋时期的矛，按其用途分为酋矛和夷矛两种。酋矛柄长二丈，步兵使用；夷矛柄长二丈四尺，是战车上使用的武器。当时这些矛头多为青铜质。在中国，矛最后的舞台是抗日战争，抗日勇士用红缨枪抗击日本侵略者，使红缨枪这种古代冷兵器广为人知。

古希腊时代，亚历山大大帝改良的"马其顿方阵"坚不可摧，所向披靡，方阵中步兵部队的进攻武器就是矛。西方步兵所用矛的长度通常为3～4米，最长的矛超过6米。直至17世纪中期前，矛在西方世界的战斗中发挥极大的作用，是步兵部队对付骑兵部队最主要的兵器。

矛的主要功能是刺击，古代军队交战两阵相对较远，非长兵器不能及。故利用枪矛为进攻武器，而佐之以箭弩。在古代马战时代，矛因太长，周转不灵活，故用枪代替。到了近代，火器盛行，古代冷兵器淘汰殆尽，矛也退出战争舞台。

盾，又称"盾牌"。主要作用是将杀伤力加以消耗或偏导，用于防刺，可作为助攻武器用。

盾牌按制作材料的不同又可分为木牌、竹牌、藤牌、革牌、铜牌、铁牌等。其中用木和革制作盾牌的历史最长，应用也最普遍。商周时期，用木、革制作或者用藤条编制的盾是军队中的重要防卫武器。那时制造的盾，前面镶嵌青铜盾饰，有虎头、狮面等，个个面目狰狞、凶恶，令人望而生畏，借以恐吓敌人，增强盾牌的防护效能。

西汉以前盾的样式都接近长方形，分为步用和车用两种。步兵用的步盾长大，这样有利于防箭和维持阵列，战车上用的车盾短窄，有利于车上使用。随着骑兵的兴起，西汉出现了椭圆形盾牌，骑兵可以单手举着盾牌，抵御敌方的攻击。东晋南北朝开始盛行一种很长的六边形盾，整个盾面纵向内弯，就像一片叶子。作战时不仅可以手持，还能将底部尖角插在地上，用棍支起，可以护卫士兵。而这种样式的盾牌在去掉底部尖角后，就成了宋代的步兵旁牌。

明代大将戚继光十分重视盾牌的使用。他选拔"少壮便捷"的士兵担任藤牌手，"健大雄伟"的壮士则当长牌手。步战时，长牌手指挥队伍战斗。明代还发明过能与火器并用的多种盾牌。这种盾牌不同于以往的是既能防御又能攻击，且威力很大，可以说它是古代的"坦克"。这种盾牌内部藏有火器，战斗时，可以一面前进，一面喷火。明代最大的一个盾牌后面可以遮蔽25人。作战时，可施放火焰，阻止敌骑兵的冲击。这些与火器并用的盾牌是明代所特有的，是明代兵器专家的创造。

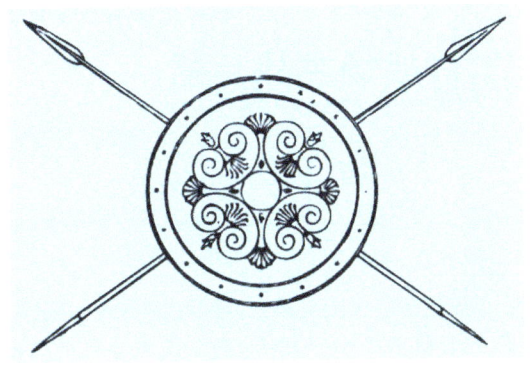

矛与盾

随着冷兵器时代的结束，冷兵器武器库中的矛与盾这对双胞胎武器不用再相斗了，它们双双进入了军事博物馆的古代兵器室。但是盾牌武器有时还能在一些国家的城市街头看到它的身影，盾牌是那里的警察和特警队员用于防卫自己的工具，抵挡暴乱分子的袭击，使自己不受伤害。

陆 战场主战兵器

无论是过去还是现在，步兵手中的基本战斗武器是步枪。战争离不开步兵，步兵离不开步枪，即使在现代战争条件下，步枪依然是步兵的主战兵器。

步枪经历了从火绳枪、燧石枪，到击发枪、弹仓枪，从滑膛枪到线膛枪（即来复枪）的演变。作为世界第一种近代步枪，毛瑟步枪的出现，使得步枪发展进入新阶段，半自动步枪、自动步枪、突击步枪、小口径步枪、无壳弹枪的问世，使得现代步枪成为一个庞大家族，它们在现代战争中演出了精彩一幕。

在步枪基础上出现了机枪，它虽然出现时间不长，威力却很大，在陆战场上作用不小。自从世界上第一挺机枪问世以来，机枪经历了两次世界大战和多次局部战争，立下赫赫战功，成为陆战场宠儿。现代军用机枪已形成轻机枪、重机枪、通用机枪、航空机枪、车载机枪、微型机枪、大口径机枪等多种，它们在现代战争中发挥不同作用。在机枪基础上还诞生了冲锋枪、微型冲锋枪，成为特种部队的利器。枪族的出现，使得一枪多用、多枪合用，陆战场又多了一种主战兵器。

步枪的祖先

步枪的前身是管型火器，最早的管型火器是突火枪，出现于南宋，在竹管内装火药和铁粒、石子一类的子弹。管型火器是冷兵器的终结者，步枪就是在管型火器基础上发展起来的。

我国发明的火药和火药兵器在14世纪初，经阿拉伯传入欧洲。欧洲的武器专家对中国的火药兵器进行改进，创造了一种新型金属管形火器——火绳枪。它是利用火绳点火的金属管形火器，在其枪管内装有黑火药和弹丸。射击时，射手扣动扳机，枪机转动，使火绳点燃黑火药，将弹丸发射出去。

欧洲最著名的火绳枪是西班牙的"穆什克特"火绳枪。该火绳枪枪长1.8~2.1米,口径23毫米,弹丸从枪口装填。16世纪初,西班牙建立了第一支火枪兵部队,装备的就是"穆什克特"火绳枪。

1525年西班牙与法国军队在帕维亚会战,西班牙火枪兵用火绳枪击败了法国骑兵,称霸欧洲战场数十年。其后,欧洲各国仿效西班牙,建立以火枪兵为主的步兵团,装备火绳枪,使火绳枪成为第一种实用的轻型射击武器。

火绳枪的发射受气象条件影响,风雨天不易点燃,德国人基弗斯对火绳枪进行改进,发明了燧石枪,它利用扳机击锤机构,使燧石摩擦,产生火花,引燃点火药,进而点着发射药,发射子弹。

世界上第一支燧石枪便是基弗斯制造的,受到德军欢迎,德军很快就装备了燧石枪。1544年,德国与法国交战,德军首次使用燧石枪。在战斗中,风雨大作,法军的火绳枪无法使用,德军燧石枪大显身手,使法军伤亡过半。燧石枪胜过火绳枪,使燧石枪声名大振。此后,世界各

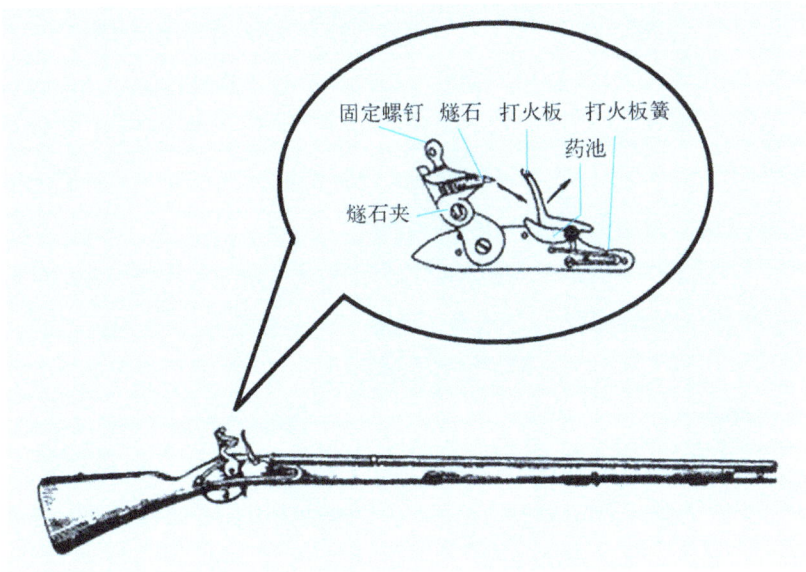

撞击式燧石枪

国陆军纷纷仿效,装备燧石枪。

1807年,英国人制造了世界上第一支击发枪,利用击发机构的击针撞击底火,点燃发射药,发射子弹。1808年,法国人发明了纸火帽,其后,出现了铜制雷汞火帽,用击发机构打击火帽来点火,发射子弹。

19世纪中期,英、法、德、俄等欧洲国家纷纷装备击发枪。在1853—1856年的克里米亚战争中,交战国英、法、土耳其及俄国军队都在战场上使用了击发枪。击发枪的出现,使火绳枪、燧石枪完成了历史使命,退出了战斗舞台,击发枪成了陆战场主战兵器。

近代步枪的问世

1861—1865年美国南北战争期间,当时世界各国陆军部队装备的步枪都是单发步枪,每射击一次,射手需重新往枪膛内装填一发枪弹,才能再次射击。美国一位名叫斯潘塞的青年,发明了一种能连续射击的弹仓枪。

弹仓枪是一种连珠枪,它依靠弹仓储存枪弹,射手扳动枪机,可把枪仓内枪弹送入枪膛,可以接连射击。在斯潘塞弹仓枪的枪托内设置一个管形弹仓,可储存7发枪弹,利用弹簧力把枪弹推入枪膛。用弹仓枪射击时,枪弹可一发发从弹仓进入枪膛,能接连射击。所以,它的射击速度要比普通的单发步枪快好几倍。

斯潘塞向当时的北军统帅林肯作了射击表演,他向靶子连发7枪,7发枪弹全部命中目标。林肯看了斯潘塞的实弹射击,十分满意。很快,斯潘塞弹仓枪通过了北军枪械专家鉴定,投入批量生产,成为北军部队武器装备。

由于弹仓式步枪战斗性能明显优于普通单发步枪,当时许多欧洲国家纷纷制造、装备弹仓式步枪。一些欧洲国家的兵器专家在斯潘塞弹仓枪基础上进行改进,制造了战斗性能更为先进的弹仓式步枪,促进了步枪的发展。

世界上第一种近代步枪是毛瑟步枪,它是德国军械专家毛瑟在19世纪60年代研制成功的一种枪机直动式步枪,能发射金属弹壳枪弹。射手只用一个射击动作,就可抛出弹壳,同时把下一发枪弹推入枪膛,从而提高了射速。

毛瑟步枪发明后,未得到普鲁士当局的重视。毛瑟移居美国,并在美国申请了专利。后来,普鲁士政府同意采用毛瑟步枪,并被普鲁士陆军列为制式装备,命名为1871年式毛瑟步枪。这样,世界第一种近代步枪——1871年式毛瑟步枪首先在普鲁士陆军中广泛使用。

1880年,毛瑟对步枪进行了改进,在枪管下方增设了管式弹仓,可容纳8发枪弹。在无烟火药发明后,毛瑟又对其步枪进行了改进,研制成能发射无烟火药枪弹的1888年式毛瑟步枪。毛瑟步枪枪管上装有准星和表尺,有弹仓,储弹5发,有效射程600米,最大射程2 000米。

从19世纪后期至第一次世界大战(以下简称"一战")前后,毛瑟步枪出口到世界各国,许多国家纷纷仿制毛瑟步枪,使得毛瑟步枪成了世界上应用最广泛的步枪。1893年,中国汉阳兵工厂也仿制成功1888年式毛瑟步枪,大量装备中国军队,由于枪管外有一个套筒,俗称"老套筒",又称"汉阳造"。

1898年,毛瑟推出了1898年式毛瑟步枪,该枪枪长1 245毫米,口径7.92毫米,可发射尖弹头枪弹,杀伤力大。德军在"一战"中广泛使用1898年式毛瑟步枪,它被视为当时世界上最优良的步枪,成为当时

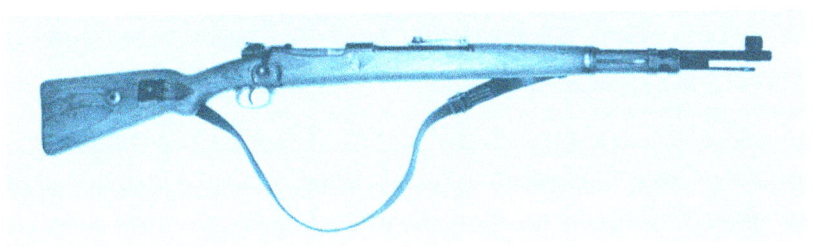

1898年式
毛瑟步枪

陆战场的主战兵器。

从半自动步枪到突击步枪

早在19世纪末、20世纪初，就有人在研究可以自动装填枪弹的步枪。1898年，军械专家毛瑟制造了一种短后坐半自动步枪，其后，他又发明一种导气式半自动步枪。1906年，勃朗宁研制成功枪管长后坐半自动步枪。1918年，法国也研制了一种导气式半自动步枪。其他一些国家也研制了多种型号的半自动步枪。但是，这些半自动步枪未能列入军队装备，实际战斗用得很少。

1919年9月，美国枪械设计师加兰德研制成功能自动装填子弹的半自动步枪，并获得了美国专利。经过多次改进，几经波折，加兰德半自动步枪于1936年1月，被列为美国陆军制式装备，并命名为加兰德步枪，简称M1步枪。

20世纪初，在研制半自动步枪的同时，就有人在研制自动步枪。1916年，俄国就研制一种自动步枪，曾在俄国陆军部队中试用过。20世纪40年代末，英国研制成功一种轻型自动步枪。20世纪50年代，以美国为首的北约组织要实现"武器系列化"、"弹药通用化"，决定以美军M1步枪使用的7.62毫米枪弹为制式步枪弹，供北约成员国使用。

比利时首先推出FN FAL自动步枪，它采用导气式自动方式，用20发弹匣供弹，可单射、连发。该枪具有精度高、射程远、使用方便等特点，具备全自动射击能力，是真正的自动步枪。由于FN FAL自动步枪具有上述优点，所以，为北约组织陆军部队所选用，在北约组织中许多国家陆军部队装备了该种自动步枪。

除了比利时的FN FAL自动步枪外，还有德国的G3步枪、美国的M14步枪、意大利的BM59步枪、瑞士的SIG步枪等，它们均为自动步枪，都发射7.62毫米制式步枪弹。

突击步枪也可以全自动射击,可用单发、连发射击,以其密集火力杀伤敌人。世界上第一支突击步枪出现于1942年的苏德战场,它是德国生产的STG44突击步枪,又称"冲锋卡宾枪",其特点是枪身短、枪弹轻、便于携带、火力猛。

1947年,苏联研制成功AK47突击步枪,该枪采用导气式自动方式,由30发弹匣供弹,可以单发、连发,半自动、全自动射击。该枪结构简单,坚固耐用,火力猛,能在恶劣环境中使用。从1951年起,苏军全面装备AK47突击步枪。其后,苏联又对AK47进行了改进,研制成功AK系列突击步枪,它是世界上生产量最多的突击步枪,总生产量达到5 000万支,有不少国家还进行了仿制。它经受了战争洗礼,在朝鲜战争、越南战争及海湾战争中,都曾广泛使用,赢得普遍赞誉,被认为是20世纪最成功的枪械之一,促进了枪械的发展。

AK47突击步枪

步枪中的后起之秀

在20世纪初,就有军事专家建议制造小口径步枪,但是没有人响应。到了20世纪60年代,美国在越南战争中发现步枪的作战距离无须超过400米,要是用小口径弹代替7.62毫米枪弹,可提高杀伤效果。

于是，出现了小口径步枪。

美国的M16步枪是在AR-10自动步枪基础上诞生的，该种自动步枪原来是空军飞行员自卫用小口径救生步枪，后来受到美国陆军重视，被列入陆军制式装备，并于1960年正式命名为M16步枪。该枪口径5.56毫米，有效射程400米。

小口径步枪与步枪相比，有以下优点：一是枪身长，质量轻，携带方便；二是弹丸初速高，杀伤力强；三是枪的口径小，射击时后坐力小，射手易控制枪支，有利于提高射击精度。

M16小口径步枪装备美军部队后，在越南战场上得到应用。由于它具有的优点，适合于丛林作战。但是，它在恶劣气象条件下容易发生故障。为此，进行了改进，出现了M16A1步枪，能适应恶劣气象环境。20世纪80年代，美国又对M16A1步枪进行了改进，加装了激光瞄准装置，还改用北约标准步枪弹。这样，出现了M16A2步枪。由于M16A2步枪威力大，美国陆军从1984年起，大批换装M16A2步枪，该种步枪经受了海湾战争的考验。

早在20世纪30年代，就有人提出要取消金属弹壳，并开展无壳弹枪研制，但没有取得成果。1969年起，德国的武器专家再次进行无壳弹枪研制，经过多年努力，他们终于研制出能耐高温的无壳弹。1974年，德国研制的第一支无壳弹枪——G11式无壳弹枪正式问世。

无壳弹枪使用无壳弹，该种枪弹没有金属弹壳，发射药直接黏结，压成一个圆柱体，把底火和弹头直接嵌在发射药柱的两端。这样，枪支

德国特种兵部队装备的G11式无壳弹枪

结构大大简化，枪支零件数量可以减少，枪身可缩短，重量可减轻。无壳弹枪与普通步枪相比，有以下优点：一是枪的重量轻，这样，可提高单兵的携弹量，增强战斗力；二是战斗威力强，因为它发射的枪弹初速大，打得又准；三是能节约金属材料。

1983年，德国特种兵部队正式装备了第一批G11式无壳弹枪，并进行了野外试验。无壳弹枪和无壳弹的试验结果令人满意。但是，由于经费和技术的原因，G11式无壳弹枪未能成为德国陆军部队制式装备。

陆战场宠儿——机枪

步兵武器中，机枪出现时间不如步枪长，威力却很大，在陆战场上作用不小。自从世界上第一挺机枪问世以来，机枪经历了两次世界大战和多次局部战争，立下赫赫战功，成为陆战场宠儿。

最先出现的机枪是马克沁重机枪，它是由英籍美国人马克沁于1884年发明的。它利用火药气体能量来完成机枪自动动作，枪管用水冷却，发射黑火药枪弹。1888年，马克沁重机枪改用了无烟药枪弹。

马克沁重机枪发明后，在战争中得到了应用。1893年，英国殖民军在罗得西亚与祖鲁人发生战斗。一支50人英军小分队，用4挺马克沁重机枪击退5 000名祖鲁人进攻，使3 000名祖鲁人丧命，充分显示了重机枪的威力。

1908年，德国人对马克沁重机枪进行了改进，制造了MG08式德国马克沁重机枪。"一战"爆发之前，德军已装备15 000挺MG08式马克沁重机枪。

"一战"期间，在法国巴黎北面索姆河地区进行了一场大规模消耗战，交战双方百万士兵在战场上厮杀。1916年7月1日，英法联军停止了炮击。德军阵地上的许多地堡、战壕、铁丝网被炮火所摧毁。英法联军发起冲锋,当冲到德军阵地时,德军的几百挺马克沁重机枪突然响起对着英法联军士兵扫射,一批批英法联军士兵倒了下去。在索姆河战役中,德国制造的马克沁重机枪出足了风头,成了血雨腥风的制造者。

由于重机枪有较长的火力持续性,能在远距离上有较好射击精度,具有较大杀伤力,特别适合用来对付冲锋的敌人。所以,各个国家纷纷制造、发展重机枪。除了德国的马克沁重机枪外,法国的8毫米哈齐开斯重机枪、意大利的8毫米布瑞达重机枪、苏联的7.62毫米SG43与SGM重机枪、美国的7.62毫米勃朗宁重机枪均是世界著名重机枪。我国在20世纪50年代仿制了苏制重机枪,定型为1953年式7.62毫米重机枪和1957年式7.62毫米重机枪。

重机枪火力猛、射程远、杀伤威力大,其缺点是笨重、使用不便。为此,出现了轻机枪。轻机枪以两脚架支撑,进行抵肩射击,有效射程600~800米,其射击精度介于步枪与重机枪之间。

世界上第一挺轻机枪是由丹麦人麦德森于1902年研制成功的,1904年装备丹麦陆军部队,成为世界上最早列入部队装备的轻机枪。

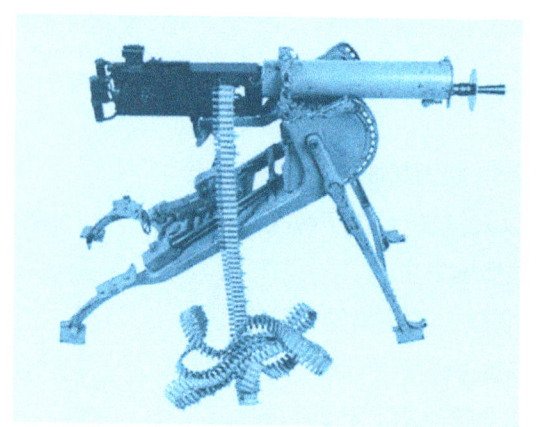

马克沁重机枪

麦德森轻机枪诞生后经过许多改进，出现许多不同型号的变形枪，枪的口径从6.5毫米到20毫米不等，枪的结构有带托的、无托的，还有轻型三脚架式的。为此，士兵可采用卧射、跪射、立射等不同射击方式，还能进行对空射击。从1902年到1952年，麦德森轻机枪生产了41种型号，在世界上有34个国家陆军部队使用过该种轻机枪。20世纪70年代，比利时FN公司为美军研制了米尼米轻机枪，后经改进定型为M249机枪，它能连发，也可点射，有效射程600米。1991年海湾战争中，美军使用该种轻机枪与伊拉克共和国卫队作战。

枪械家族新成员

枪械家族中，除了步枪、机枪外，还出现许多新成员，它们曾经是陆战场上的主战兵器。

通用机枪出现在"一战"后，由于重机枪威慑力大，在《凡尔赛和约》中，规定战败国德国不能生产重机枪。希特勒上台后，德国研制一种以轻机枪面目出现，又具有重机枪功能的通用机枪，该种通用机枪于1934年定型，故名为MG34机枪，它是世界上第一种通用机枪。

MG34通用机枪问世后就装备了德军部队，成为第二次世界大战（以下简称"二战"）期间德军使用的主要步兵武器之一。该型通用机枪使用与步枪相同的枪弹，既可弹链供弹，也可弹鼓供弹。当它配用两脚架和弹鼓时，为轻机枪，有效射程800米；当它配用三脚架和弹链时，即为重机枪，有效射程1 000米。

其后，德国军事专家对它进行了改进，研制了性能优良的MG42通用机枪。该枪简化了结构，减轻了重量，同时采用了可更换枪管和新的供弹机，大大提高了战斗射速，成为世界著名机枪之一。

"二战"末期，美国借鉴MG42研制自己的通用机枪。1957年，美国研制成功M60通用机枪，1958年装备美国陆军部队。它具有质量轻、结构紧凑、火力强、易控制等优点,所以,战斗用途广泛,除了装备美国陆军外,还装备其他西方国家陆军。其他一些国家也发展通用机枪,这些通用机枪均诞生于20世纪50至60年代,最近几十年内没有得到发展。这是因为现代步兵以乘车作战为主,不再采用密集队形冲锋作战形式,使通用机枪失去了作战对象,所以发展迟缓。

冲锋枪又称"亚机枪"、"小机枪",用于短兵相接的冲锋战。冲锋枪起源于机枪,它诞生于"一战"期间。世界上第一支冲锋枪是由意大利武器专家于1915年设计、制造的,是一支手枪式机枪。

德国在"一战"期间制造了MP18冲锋枪,它是世界上第一支现代冲锋枪,曾在德军中广泛使用。20世纪30年代,研制了MP38冲锋枪,最初只装备警察部队,1938年后装备陆军部队。"二战"期间,德国共生产100万支MP38冲锋枪,装备德军部队。其后,德国又对其进行了改进,出现了MP40冲锋枪。德国的冲锋枪在"二战"期间大量生产、使用,它们成为纳粹"冲锋队"和"党卫军"形象的标志。

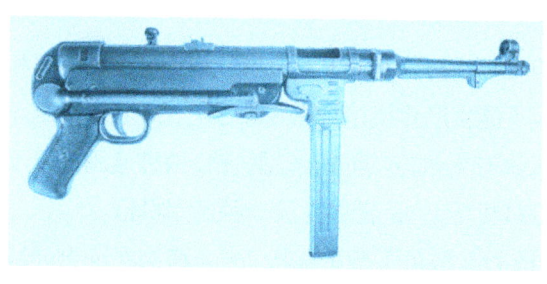

德国MP40冲锋枪

"二战"时期是冲锋枪的顶峰时期,"二战"后,随着步枪自动化,特别是小口径突击步枪的出现,它们替代了冲锋枪的战斗作用,冲锋枪从许多国家的步兵装备序列中撤了下来。但是,冲锋枪没有退出历史舞台,特种部队、警察部队仍需要携带方便、火力强大的冲锋枪。

在20世纪90年代,以色列研制了轻型乌齐冲锋枪和微型乌齐冲锋枪,它们结构紧凑,外形较小,能在风沙、泥沙等恶劣环境下使用,它们均使用手枪弹,有的还配有激光瞄准具和消音器,适宜于特种战,成为特种部队的利器。

美国军械专家斯通纳看到步枪、冲锋枪、机枪的零件和枪弹无法通用,于是,他想改进枪械。斯通纳受孩子玩积木启发,发明了一种积木式枪械——枪族。

枪族以一种枪的基本部件为基础,通过更换不同的枪管、瞄准具、枪托,组合成不同种类的枪械,这样,可以一枪多用、多枪合用。1963年,斯通纳设计了一种积木式枪械,人们称它为"斯通纳"枪族,即**M16**枪族。它是以步枪为基础,只要更换部分零件,就可组成6种不同的枪械:步枪、冲锋枪、弹匣供弹轻机枪、弹链供弹轻机枪、重机枪、车载机枪。

枪族的出现,引起各国军事专家注意。枪族具有以下优点:一是便于大量生产,有利于保养维修和后勤供应;二是便于掌握使用,

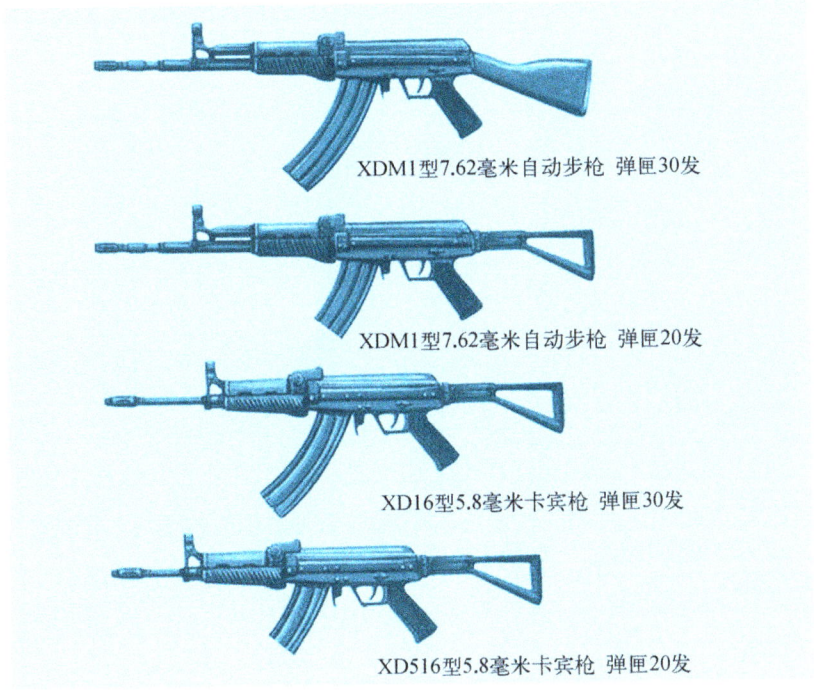

中国制造的81式及87式枪族

简化训练,掌握了一种枪,就能使用其他几种枪;三是一枪多用,可以根据不同战斗任务,随时改变枪的战斗性能。

正是这样的原因,除了美国外,其他一些国家也纷纷研制各自的枪族,出现一批著名枪族,有以色列的5.56毫米加利尔枪族、德国的5.56毫米HK枪族、英国的4.85毫米班用枪族、俄罗斯的7.62毫米AK枪族、奥地利斯太尔AUG枪族。1981年,我国研制成第一代枪族——81式7.62毫米枪族,其后又研制成小口径枪族——87式5.8毫米班用枪族。

战争之神是火炮

2014年4月8日,一位美军少将向媒体透露这样一个消息:美国海军计划2016年开始在海上试验高速电磁轨道炮。这消息引起海内外媒体极大关注,各种媒体竞相报道,吸引人们眼球。其实,美国试验电磁轨道炮不是什么秘密,美国已经试验了上千次了,只是美国这次计划到海上试验有点特别。电磁轨道炮是一种新概念炮,是火炮家族中新成员。

有军事家把火炮被称为"战争之神",那是因为它们在历次战争中得到广泛应用,曾发挥重大战斗作用。

在兵器王国中,火炮有着悠久的发展历史。我国是火炮的故乡,公元前5世纪,中国古代就出现了抛石机,在14世纪,我国制造了最古老的火炮——火铳,至今已有600多年历史。

战争促进了火炮发展,如今,火炮已发展成庞大家族,有加农炮、榴弹炮、迫击炮、火箭炮、高射炮、自行火炮,还出现了超级大炮。它们的出现曾经在战争中发挥了重大作用,创造了辉煌战绩,影响了战争进程。随着现代科学技术的发展,曾经是"战争之神"的火炮家族又有了新发展,特别是电磁炮的出现,可能会引起陆、海军战法的变革。

从铜火铳到"红夷炮"

世界上最早的金属管形火器是火铳,小口径火铳是枪的前身,大口径火铳是火炮的前身。早期大口径火铳用铜制造,所以,它又称"铜火铳"。

中国历史博物馆陈列了一尊1332年制造的铜火铳,它是现存于世界上的最古老火炮,有6.94千克,长533毫米,口径105毫米,其形状粗

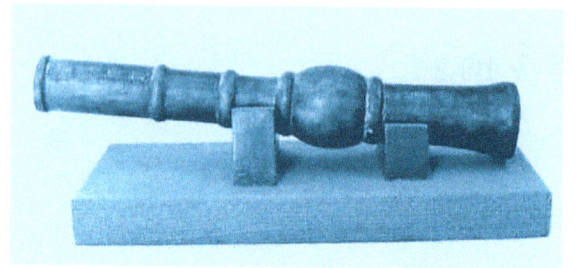

中国历史博物馆陈列的铜火铳

壮,由铳口、铳膛、药室、尾銎组成。铜火铳发射的是石制或铁制的球形弹丸,用来杀伤敌人。

元代的铜火铳装备于边境守军,守御隘口。明代永乐年间,创建了战略机动部队——神机营,它以铜火铳为主要装备,它是世界上最早建立的炮兵部队,使炮兵成为一个独立兵种,完成特定的军事任务。神机营创建后,多次跟随明朝皇帝出征。神机营的铜火铳作战时,列于阵线前列,各炮队之间有一定间隔,便于装填炮弹,可以轮番齐射,用炮火摧毁敌人阵地。1410年2月,明军受到蒙古军队阻击,神机营立即用炮火突击阻敌,敌军的防守阵地被神机营的炮火所摧毁,大部分守军在炮火中丧生。明军的骑兵部队发起攻击,大获全胜。

1449年10月,12万蒙古兵一直打到北京城下,明朝廷上下十分惊恐。守备京城的将军命令神机营设伏于北京德胜门外。一声令下,神机营的大小铜火铳一齐开火,打乱了蒙古兵阵形。此时,城内外明军乘势出击,大败蒙古兵。在这次京城保卫战中,神机营的铜火铳发挥了重要作用。

在明军陆战部队中,还装备一种被称为"佛朗机"的轻型火炮。那是一种葡萄牙军舰上使用的轻型火炮。1522年8月,葡萄牙的5艘军舰驶入我国广东沿海,抛锚在珠江口外,企图用武力占领屯门岛。明朝官军利用海岸炮和军舰上的舰炮,进行回击,打败了葡军,俘获了2艘葡萄牙军舰,得到了20余门舰炮。当时明朝官员称葡萄牙为"佛朗机",于是把这种火炮也称为"佛朗机"。

"佛朗机"火炮有小型、中型、大型三种,与铜火铳相比,具有命中率高、射击范围广、射速快等特点。明军缴获了"佛朗机"火炮后,由军器局进行了仿制。明军装备这些"佛朗机"火炮后大大提高了战斗力,边防、海防更加巩固。明代将领戚继光的部队就装备了多种"佛朗机"火炮,还对大型"佛朗机"火炮进行了改造,可装在炮车上。"佛朗机"火炮成了戚继光抵御倭寇的利器。

明朝时,不但仿制"佛朗机"火炮,还出资从国外购买西洋火炮。当时,朝廷官员称荷兰人为"红夷",并误认为西洋火炮都是荷兰人造的,故称"红夷炮"。其实,这些"红夷炮"是英国建造的重型火炮。明朝廷除了在京城配备"红夷炮"外,还配备在边境地区。1624年1月,后金军用攻城器械攻打边城宁远,守城部队用"红夷炮"射击攻城的后金军,大败后金军。

"宁远大捷"使得"红夷炮"声威大震,明朝廷仿制了大批"红夷炮",装备明军部队。清军入关后,"红夷炮"成了清军攻城略地的利器。清军发动的每次攻城战无不使用"红夷炮"。清军统一中国后,清政府为巩固政权,在北京设立炮厂,为清军建造"红夷炮"。由于清代皇帝忌讳"夷"字,便将"红夷炮"改名为"红衣炮",并给"红衣炮"冠以威武的名字,有

明代的"红夷炮"

"威远将军炮"、"神威将军炮"、"神威无敌大将军炮",其实,它们都是仿制的重型西洋火炮。

火炮家族三兄弟

火炮家族成员很多,从构造特点来分,主要有3种,它们是榴弹炮、加农炮和迫击炮。

榴弹炮是发射榴弹的火炮,榴弹爆炸时,弹子、弹片四射,杀伤力大。最早的榴弹炮出现于15世纪,到了16世纪中期,榴弹炮开始采用木制信管的球形爆破弹,可用来杀伤陆战场上的敌方步兵,也可用于攻城。到了19世纪下半期,出现了后装线膛榴弹炮,能发射长圆柱弹丸,威力更为强大。榴弹炮广泛用于野战,成为一种野战炮。

"一战"中,交战双方的陆军部队都装备有榴弹炮。1914年8月4日,德国军队越过比利时边界,比利时军队撤至列日要塞,利用坚固的要塞炮台抵挡德军进攻。德军发起攻击,但均被比利时军队击退。德军动用大口径攻城榴弹炮,其中最大口径达到420毫米,可把一吨的炮弹发射到15千米以外。在大口径攻城榴弹炮猛烈轰击下,列日要塞9座炮台被摧毁,德军攻占了列日要塞。

榴弹炮

"二战"中,榴弹炮的炮身长增加至口径的20~30倍,最大射程可达18 000米。榴弹炮发射的炮弹初速高、威力大。在举世闻名的斯大林格勒大会战中,苏军炮兵部队装备的122毫米榴弹炮和1937年式152毫米榴弹炮,给了德军毁灭性打击,为苏军保卫斯大林格勒立下不朽战功。其后,苏军发起总反攻,苏军榴弹炮是炮兵部队的"大哥大",立下汗马功劳。为此,苏联政府把11月19日定为"炮兵节",并把火炮称为"战争之神"。

加农炮是一种身管较长的长管炮,它有一个细长的炮管,身管长为口径的40倍以上,最长可达到80倍。它发射的炮弹初速大,弹道低伸,适宜于射击垂直目标。加农炮射程远,一般为20~30千米,最大可达到40千米,可远距离射击。加农炮可配用多种炮弹,有杀伤弹、爆破弹、杀伤爆破弹、穿甲弹、燃烧弹,所以,加农炮用途广泛,既可作为野战炮,也可作为坦克炮、反坦克炮、高射炮。

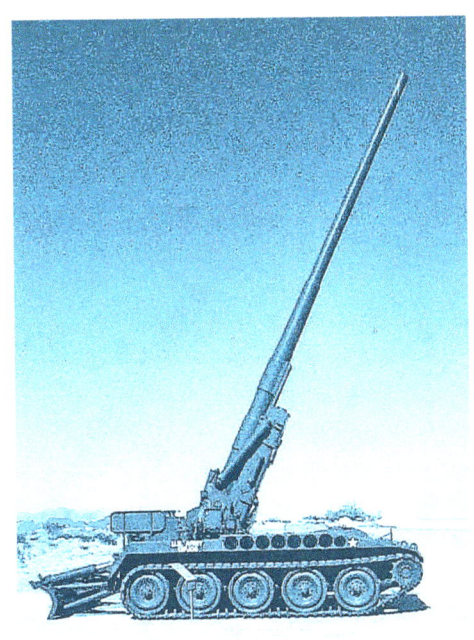

170毫米加农炮

"一战"期间凡尔登战役中,法军使用一种口径为155毫米的野战加农炮,以其猛烈火力,挡住了德军进攻。在1916年的一次炮战中,法军野战加农炮击中德军的一个弹药库,引爆了弹药库里炮弹,致使德军的巨型火炮因为没有弹药,成为一堆废铁。

法军乘机摧毁了德军炮兵阵地,取得了凡尔登战役的最后胜利。

"一战"中,坦克走上战场。为对付全身装有装甲的坦克,加农炮担负起打坦克的重任。利用加农炮弹道低伸的特点,还可对敌前沿阵地和纵深目标进行火力突击。加农炮在"一战"中大显神通。

迫击炮是利用座钣承受后坐力发射炮弹的曲射火炮,其特点:一是射角大,弹道弯曲,初速小,最小射程近;二是结构简单,操作方便;三是体积小,质轻,便于携带。迫击炮种类多:按炮膛结构分为滑膛式、线膛式;按装填方式分为前装式、后装式;按运动方式分为便携式、驮载式、牵引式、自行式;按口径大小分为轻型、中型、重型。

1937年9月,侵华日军分三路南下,向晋东北进攻的日军主攻方向是平型关,企图夺取平型关。八路军第115师摸清日军意图后,决定在平型关东侧设伏。首先打响平型关伏击战的是八路军迫击炮。参加平型关伏击战的八路军迫击炮是一种中型迫击炮,口径82毫米。在平型关伏击战中,八路军的82毫米迫击炮大显神威,使得八路军在平型关打了个大胜仗,经过一天激战,歼灭日军1 000多人,大大鼓舞了全国军民抗战热情,增强了抗战必胜信念。

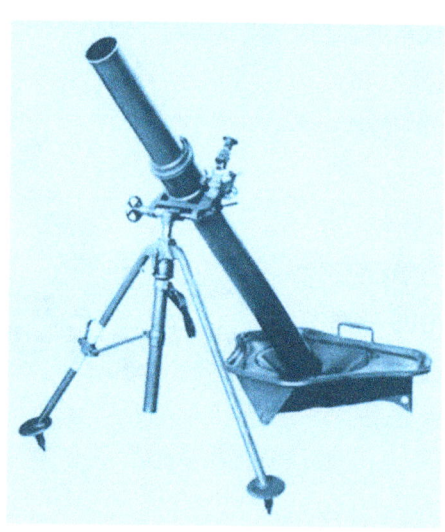

八路军的82毫米迫击炮

反法西斯战争的功臣

"二战"期间,有两型火炮建立特殊功勋,它们是火箭炮和自行火炮。

火箭炮是一种发射火箭弹的多发联装发射装置，它发射的火箭弹依靠自身发动机的推力飞行。火箭炮具有发射速度快、火力猛烈、突袭性好、机动能力强等特点，可在极短的时间里发射大量火箭弹，向远距离的大面积目标实施突然袭击，用以歼灭、压制有生力量，给敌人精神上以极大的震慑。

中国是火箭的故乡，明朝时火箭就成了战争武器，出现了多种火箭兵器，其中著名的"一窝蜂"火箭，是在木桶内存储有32支神机箭，每支神机箭有箭矢和火药发射装置。"一窝蜂"火箭是最古老的火箭炮。

火箭传入西方，在军事上得到应用，出现了各种火炮。1680年，俄国开始研制火箭，1707年俄国制造一种信号火箭，用于军队中发信号。1779年，英国制造了一种火箭炮，射程达到2.5千米。1815年，俄国制造一种可在三脚架上发射的火箭炮，射程可达到4.5千米。无论是英国的火箭炮还是俄国的火箭炮，它们都是"一窝蜂"的后代，都曾风光一时，但是，好景不长。到了19世纪中期，由于线膛炮出现，老式火箭炮退出了战争舞台。

"二战"中，新型火箭炮重返战争舞台。在"二战"期间的苏德战场上，苏军使用新型火箭炮对付德军的"闪电战"。这种火箭炮是一种16管自行火箭炮，发射架装在卡车底盘上。发射架上装有8个导轨，每个导轨装2枚火箭弹，上下各1枚。它发射的火箭弹弹尾装有尾翼，一次齐射可发射16枚火箭弹。苏军士兵用俄罗斯姑娘名字"喀秋莎"来称呼该种新型火箭炮。

在1942年斯大林格勒保卫战中，苏军集中大量火箭炮，向德军阵地进行猛烈射击，"喀秋莎"火箭炮压住了德军炮兵，使得德军从阵地上溃退。在攻克柏林战斗中，苏军集中了3 000门"喀秋莎"火箭炮攻打法西斯巢穴柏林，火箭炮发射的火光照亮柏林夜空。在纵深8千米范围内的德军受到火箭炮炮火压制。"喀秋莎"火箭炮在攻克柏林战斗

"喀秋莎"火箭炮

中再显威风。

　　反法西斯战争中的另一种功臣火炮是自行火炮。自行火炮是一种炮身与车辆底盘构成一体，能自身运动的火炮。它由武器系统、底盘、装甲车体所组成。自行火炮有机动灵活、越野性能好、战场生存能力强等特点，它可随装甲部队行进。自行火炮种类很多：按炮种分，有自行加农炮、自行榴弹炮、自行加农榴弹炮、自行高射炮；按行动装置分，有履带式、半履带式、轮胎式；按装甲防护分，有全装甲式、半装甲式、敞开式；按战斗全重分，有轻型、中型、重型。

　　在"二战"期间，苏联共生产自行火炮2.5万辆，有轻型、中型、重型之分。1945年初，苏军从东面进入德国本土。自行火炮随苏军作战，在苏军地面部队发起冲击时，自行火炮以逐次集中射击方法进行火力支援，使苏军顺利突破德军防御地带。1945年4月26日，苏军完成了对德国首都柏林的合围，在炮火掩护下，苏军地面部队向防守市区的德军发起冲击。4月29日，苏军打响了夺取德国国会大厦的战斗，用自行火炮对国会大厦及附近建筑进行猛烈轰击，苏军士兵在自行火炮火力掩护下发起冲击，终于把红旗插上德国国会大厦。所以，苏军的自行火

自行火炮

炮是攻克柏林的功臣。

"二战"后,自行火炮得到了长足进步,出现了许多新型自行火炮,它们是机械化部队的护卫,在现代陆战中发挥重要作用。在2003年3月,美、英发动的伊拉克战争中,美国的M109A6"帕拉丁"自行榴弹炮随美国陆军部队进入伊拉克,跟随机械化部队行进,用炮火压制伊拉克军队火力,成为美国机械化部队的护卫。

反"绞杀战"勇士

朝鲜战争中,美军依仗"空中优势",在1951年8月至1952年6月,对中、朝军队发动了"绞杀战",美军的2 000余架轰炸机对朝鲜北方的铁路枢纽、桥梁、隧道,进行狂轰滥炸,造成许多地段运输中断,使中国人民志愿军军需物资供应紧张。为粉碎美军"绞杀战",志愿军高射炮兵部队,动用了千余门高射炮,保卫铁路线,保证交通线畅通。

高射炮是用来杀伤空中目标的火炮,它具有炮身长、初速大、射界广、射速快、射击精度高等特点,是对付空袭战机的利器。高射炮种类多:按运动方式有牵引式、自行式;按口径分有小口径、中口径、大口径。小口径高射炮炮弹配用触发引信,直接摧毁目标;大、中口径高射炮炮弹配用时间引信和近炸引信,利用弹片杀伤目标。

志愿军使用的高射炮是苏联在"二战"期间研制成功的高射炮,口径有25毫米、34毫米、85毫米等多种,属于中、小口径高射炮。这些苏制高射炮具有射速快、火力猛、操作简便等优点,适合于对付低空飞行的敌机。在反"绞杀战"中,志愿军高射炮部队进行了艰苦卓绝的斗争。

守卫在铁路线上的志愿军高射炮给来犯的敌机以毁灭性打击。在历时十个月的反"绞杀战"中,志愿军高射炮部队与敌机进行了数千次战斗,击落敌机260余架,击伤敌机千余架,粉碎了美军发动的"绞杀

志愿军的高射炮

战",保证了交通线畅通。

在朝鲜战争中的上甘岭战役及其他战役中,志愿军高射炮均发挥了重要作用。在朝鲜战争期间,志愿军高射炮部队共击落敌机2 300多架,击伤敌机7 000多架,使美国空军受到重创。

在科学技术发展的今天,高射炮依然是近程防空利器。现代自行高射炮是坦克的变种,如德国的"猎豹"自行高射炮就是采用"豹1"主战坦克底盘,主要武器是2门35毫米高射炮,它具有自动化程度高、机动性好、抗干扰能力强、命中率高等特点,可用于要地防空,也可随装甲部队行进,在陆战场上快速机动,对付低空飞行的敌机。

"超级大炮"之谜

在火炮发展历史上,曾出现一些超级大炮。所谓超级大炮是指那些口径大、身管长的巨型火炮,它们具有巨大的战斗威力。

1918年3月28日星期天清晨,巴黎塞纳河畔响起惊天动地爆炸声,起初以为是飞机投炸弹,但不见空中有飞机。还有人以为是隐蔽在巴黎近郊的秘密武器在射击。巴黎市内每15分钟听见一声爆炸声。后来才知道是德军的一门超级大炮在发射。

向巴黎发炮的是一门超射程炮,起初命名为"威廉大炮",后因为炮击巴黎而闻名,故得名"巴黎大炮"。作为一门超级大炮,它有375吨,炮身长36米,口径210毫米,能发射127千克的炮弹,射程达到128千米,远远超过当时的一般火炮。"巴黎大炮"共建造了3门,从1918年3月23日至8月9日,3门"巴黎大炮"向巴黎共发射300多发炮弹,其中有180发落入巴黎市区,使巴黎蒙受巨大损失。

"二战"期间,德国又造一门巨型大炮,这是希特勒上台后秘密研制的超巨型火炮,有1 329吨,其身管长32.48米,全长42.9米,口径800毫米。这是世界上口径最大的巨炮,炮膛内可蹲下一个士兵,德军称这

世界上口径最大的"多拉大炮"

门炮为"多拉大炮"。它发射的炮弹有两种：一种是榴弹，有4.81吨，射程47千米；另一种是混凝土破坏弹，有7.1吨，射程38千米。

1942年5月，德军围攻苏联的塞尔斯托波尔要塞，久攻不下。"多拉大炮"被调往前线。6月7日，"多拉大炮"共发射48发炮弹，塞尔斯托波尔要塞成为一片废墟。攻下塞尔斯托波尔要塞后，"多拉大炮"又参加了斯大林格勒攻城战，最后落入苏联红军之手，结束其一生。

20世纪80年代，加拿大武器专家布尔为揭开"巴黎大炮"之谜，研制了新型超级大炮。在美国、加拿大政府支持下，布尔制造了3门超级大炮，他想用超级大炮发射人造卫星。后来，布尔帮助伊拉克秘密研制超级大炮，因此被人暗杀，他的"超级大炮"梦才告结束。

电磁炮引发"战法革命"

在火炮发展历史上，曾经出现的"超级大炮"，昙花一现，就消失得无影无踪。而另一种"超级大炮"却出现在人们面前，它就是电磁炮。

2014年4月7日，美国海军研究部门一位主管官员说，美军计划

2016年开始在海上试验高速电磁轨道炮。据说，这种电磁轨道炮可以发射10千克的炮弹，飞行速度达7倍声速。美国计划该武器将于2016年在美国舰艇"密里诺基特"上进行海上测试。

电磁轨道炮是一种新概念火炮，是电磁炮种的一种。电磁炮是利用电磁发射技术制成的一种先进动能杀伤武器，是利用电磁系统中电磁场的作用力来发射炮弹，它主要由能源、加速器、开关三部分组成。

按照不同原理和构造，电磁炮有以下几种类型：

线圈炮，它是最早出现的电磁炮，由加速线圈和弹丸线圈构成。加速线圈固定在炮管中，当通入交变电流时，产生的交变磁场就会在弹丸线圈中产生感应电流。感应电流的磁场与加速线圈电流的磁场互相作用，产生电磁场力，使弹丸加速运动并发射出去。

轨道炮，由两条平行的长直导轨组成，导轨间放置一质量较小的滑块作为弹丸。当两轨接入电源时，强大的电流从一导轨流入，经滑块从另一导轨流回时，在两导轨平面间产生强磁场，弹丸会以很大的速度射出。

电热炮，其结构也有多种形式，最简单的一种是采用一般的炮管，管内设置有接到等离子体燃烧器上的电极，燃烧器安装在炮后膛的末端。当等离子体燃烧器两极间加上高电压时，会产生一道电弧，使放在两极间的等离子体生成材料蒸发。蒸发后的材料变成过热的高压等离子体，从而使弹丸加速。

不论哪种电磁炮都具有以下特点：一是电磁推动力大，弹丸速度大。一般火炮的射击速度约为0.8千米/秒，而电磁炮可将3克的弹丸加速到11千米/秒，有的速度可达100千米/秒。二是弹丸稳定性好，因为，电磁炮弹丸在炮管中受到非常均匀的电磁力推动，容易控制，所以弹丸稳定性好，这有利于提高命中精度。三是隐蔽性好，它发射时不产生火焰和烟雾，也不产生冲击波，作战隐蔽，不易被敌人发现。此外，电磁炮采用低级燃料作能源，而不是火药，弹丸发射能量可调，而且比较经济。

由于电磁炮具有上述优点，特别是可大大提高弹丸的速度和射程，因而引起了世界各国军事家们的关注。自20世纪80年代初期以来，电磁炮已经被一些国家列入未来武器的发展计划中。在美国的"星球大战"计划中，就有电磁轨道炮这一项。美军认为，可用电磁炮代替高射武器和防空导弹，执行防空任务；还可用于反装甲武器，用来对付坦克装甲。要是在普通火炮的炮口加装电磁加速系统，可大大提高火炮的射程。

美国已经进行了上千次电磁炮试验，现在美国海军准备将电磁轨道炮装备美国舰艇，美国的军事专家认为，电磁轨道炮有可能成为未来美国海军新式武器，装备于美国战斗舰艇上，并将会带来"海军战法革命"。

美国海军的电磁轨道炮

谁是陆战之王

2014年暑期,莫斯科有一场精彩的、别开生面的比赛:"坦克两项—2014"国际竞赛。中国、俄罗斯等12个国家的坦克进行了一场比赛,比比谁的机动性好,谁的火力强,看看谁是"陆战之王"。

在现代战争史上,凡是大规模陆上战争都有坦克参与,从"一战"、"二战"到朝鲜战争、越南战争、海湾战争、伊拉克战争,这些现代陆上战争都有坦克参战,在现代陆战场上到处可以看到坦克的身影。

现代战争中的每次陆战,通常由坦克拉开战争序幕,坦克冲在前面打冲锋,用坦克炮的炮火摧毁敌方阵地,带领步兵去夺取胜利。军事专家们把坦克称为"陆战之王"是恰如其分的,因为坦克改变了战争的样式,影响了战争的结局。

"陆地巡洋舰"美梦成真

坦克是战争的产物。早在2 500年前,波斯国王基尔设计了一种奇特的战车,它的轮子后轴装有两把锋利的大刀,用两匹马拖着战车,冲入敌阵后,挥动大刀砍杀敌人。基尔国王把这种战车命名为基尔战车。虽然,基尔战车与坦克有些类似,但它不是真正意义上的坦克,而且,基尔战车也没有建造,也没有在战争中应用,只是一种设想。

第一辆比较像坦克的战车是意大利的著名画家达·芬奇设计的,它是一种密封的车辆,装有大炮,用机械作动力,能冲入敌阵。这可以说是现代坦克的雏形。可惜,意大利的将军们只知道达·芬奇是位著名画家,谁也没有想按他的设计去制造战车。20世纪初,"一战"催生

了坦克的诞生。

在坦克发展历史上,有个人是不能遗忘的,他便是英国前首相丘吉尔。那是在1914年8月,"一战"刚刚拉开战幕,交战双方数百万军队在前线进行殊死搏杀。从前线回来的斯文顿上校来到伦敦军事部长办公室,提出一种有装甲的"无限轨道车",它能在山坡上冲锋、打仗。但是,"无限轨道车"的设想没有引起军事部长的重视。

一个月后,特洛克上尉带了他的"陆地巡洋舰"方案,来到军事部长办公室。"陆地巡洋舰"是陆上的战斗堡垒,它有强大的武器,坚固的装甲,而且灵活机动。但是,"陆地巡洋舰"方案也被英国军事部长否决。接着,贝康将军带了一个能在战壕上架桥的计划来到军事部长办公室,他也被英国军事部长用少量经费打发了回去。

这些有关坦克的发明都被保守的英国军事部长打入冷宫。但是,当时的海军部长,即后来的首相丘吉尔,慧眼独具,认识到这项发明的重要性,秘密筹集资金,从事"陆地巡洋舰"的研制。

1915年8月,世界上第一辆坦克样车秘密研制成功。由于它的部件组合不协调,越障能力不强,便进行了改进。改进后的坦克便是有名

英国秘密研制的Ⅰ型坦克

的英国Ⅰ型坦克。1916年2月，新建成的第一辆Ⅰ型坦克，在赫菲公园进行了秘密试验。在实弹射击试验中，弹到靶除。英军总司令看了十分满意，当场订购了49辆Ⅰ型坦克。

1916年6月，英军组建了世界上第一支坦克部队。这样，英国海军部长丘吉尔的"陆地巡洋舰"计划美梦成真，坦克就这样诞生了。

钢铁怪物的首次战斗

1916年，"一战"进入第三个年头。英法联军和德国军队在法国凡尔登要塞一线形成胶着状态。英军战地司令黑格准备动用新式武器坦克，冲破德军防线。坦克是英国秘密研制的钢铁怪物，由于它的形状像一只大木箱，英国人把它称为"水柜"，音译为坦克。黑格将军决定要用秘密武器坦克，让世界上第一支坦克部队与德军决一死战。

9月15日清晨，索姆河一线战场上被薄雾所笼罩。7时半，德军阵地前爆发出"轰隆、轰隆"巨响。英军坦克部队的49辆坦克，驶到进攻出发地只有32辆。英军的32辆坦克从两翼展开，向德军阵地冲去。这些钢铁怪物，身挂钢甲，形如房屋，车底下没有轮子，却能自动行进。在冲锋过程中，5辆坦克陷进了沼泽，9辆坦克机械损坏，只余下18辆坦克。它们喷着烟雾，吐着火舌，绕过战场障碍物，碾压过铁丝网，逼近德军阵地。

德军士兵看到这些会喷火的钢铁怪物，惊呆了。多数德军士兵拔腿就跑，少数德军士兵集中火力，向英军坦克射击，奇怪的是枪弹在坦克体上滑落下来。坦克的履带压垮了德军防御阵地上的铁丝网，坦克越过战壕。德军士兵抱头逃跑。谁知坦克两侧的机枪也能旋转，"哒、哒、哒"，几秒钟就扫倒100多人，来不及逃跑的德军士兵，被坦克的履带碾压成肉酱。

参加首次坦克战的英军Ⅰ型坦克，车身呈菱形，有28.4吨，车长

"一战"中的英军坦克

9.75米,车上装有发动机,速度6千米/时,装有2门口径为57毫米的火炮和4挺机枪,乘员8人。坦克车体上装有装甲防护,车底装有履带,具有很强的爬坡能力。

首次坦克战打得十分威武,英军坦克开足马力在德军阵地上行驶。在英军坦克冲击下,德军溃不成军,被打死、炸死、压死的不计其数。两小时的坦克战,德军防线被英军突破了。

英军坦克首次战斗获得胜利,证明坦克是突破阵地防守的有效武器。索姆河坦克战使坦克声威大震,坦克竟成了魔鬼的代名词,德军士兵只要看见坦克,就闻风丧胆,丢枪弃甲,夺路而逃,坦克就这样出尽风头。坦克的诞生也催生了一种新的战争样式——坦克战。

成员众多的坦克大家族

自从英国的Ⅰ型坦克进行了首次坦克战后,坦克迅速发展。各个国家纷纷研制、发展各自的作战坦克,出现了各种型号,使坦克成为一个大家族。

在坦克家族中，按质量分，有重型、中型、轻型三种。吨位在40吨以上是重型坦克，吨位在20～40吨之间的是中型坦克，吨位在20吨以下的是轻型坦克。

重型坦克火炮口径大，炮管长，攻击力大。因为坦克火炮口径大，意味着攻击力大。重型坦克火炮口径有90毫米、100毫米、125毫米几种。同时，重型坦克车体装甲厚，抵御炮击的能力强。

在"二战"中，德国制造的"虎"式坦克便是一种重型坦克。"虎"式坦克车重68吨，装甲厚18厘米。德国在"二战"期间，共制造了1 000多辆"虎"式坦克。这种"虎"式重型坦克曾经在欧洲战场上显赫一时。虽然，重型坦克火炮威力大，防御能力强，但是，它的机动性不好。在"二战"中，德国的"虎"式重型坦克像一群钢铁巨兽，炮管里喷着火焰，耀武扬威地前进。由于它的机动性差，遭到苏联红军的毁灭性打击，许多"虎"式重型坦克变成一堆废铁。

1943年7月，在苏联库尔斯克附近爆发了世界上规模最大的坦克战。苏联和德国的7 000辆坦克参加了大决战。7月4日傍晚，苏军得到确切情报，德军将在7月5日凌晨3时30分发起进攻。苏军当机立断，首先打响库尔斯克战役。7月5日凌晨2时20分，苏军的炮兵部队向德军阵地进行猛烈炮击，德军被打得晕头转向。德军受到意外打击，进攻时间被迫推迟了两小时。德军的坦克向苏军发起强大的冲击，在40千米长的战线上，900辆德军坦克由"虎"式重型坦克作为开路先锋，"豹"式中型坦克作两旁护卫，气势汹汹地冲向苏军阵地。

库尔斯克尘土飞扬，德军坦克在苏军阵地上横冲直撞，撕裂开一条8千米宽的缺口。到7月11日，德军的进攻才被挡住。德军改变了战术，德军第二坦克师的600多辆坦克从库尔斯克转移到普罗霍罗夫卡。7月20日，苏、德两军的坦克在普罗霍罗夫卡相遇。德军仍采用惯用的战术，让"虎"式重型坦克开路，让它在苏军阵地上打开缺口。苏军采取边战边退的战术，形成梯队掩护，逐级阻击，从侧面攻击德军的

库尔斯克坦克大战

"虎"式重型坦克。

这是一场空前激烈的坦克大厮杀，进攻、防御、迂回、包抄、冲击、抗冲击，各式各样的坦克战在交替进行。到处可以看见冒着浓烟的坦克和断了气的坦克手。几百辆被炮火击中的坦克在燃烧，滚滚浓烟把天空染成灰黑色。这场有史以来规模最大的坦克战从上午一直打倒天黑，苏、德两军共投入1500多辆坦克，在方圆只有15平方千米的狭长地带厮杀。

在这场坦克大战中，苏军坦克部队打得异常勇猛，击退了德军坦克一次又一次的冲击。战斗持续到黄昏时刻，战场上到处是坦克的残骸，有的炮塔被打掉了，有的车体被击穿，有的在冒着浓烟，有的在熊熊燃烧。德军支撑不住了，扔下400多辆坦克残骸，狼狈地撤退了。虽然在这场坦克大战中，苏军损失也很大，有300多辆坦克被击毁，但是，通过这场坦克战击退了德军的疯狂进攻。从此，苏联红军取得了战争主动权，库尔斯克坦克大战改变了战局。

坦克"专业户"

战争，促进了坦克武器的发展。自1916年英国制造了第一辆用于战斗的坦克至今，坦克已发展成一个庞大家族。在坦克大家族中，除了用于陆战场进攻，作为陆战场主力外，还可执行特种任务，出现了许多坦克"专业户"，即特种坦克。

美军使用的喷火坦克

用于两栖作战的坦克是两栖坦克,它既能在陆地行进,又能涉水过河。两栖坦克之所以能涉水,是因为车体是密封的,车体用较薄的钢板制成,以减轻重量,增加浮力。在它的尾部有的装螺旋桨,有的装喷水推进器,有的靠特制的履带划水前进。在"二战"诺曼底登陆战中,盟军的两栖坦克由两栖舰船运送到海岸。当两栖坦克出现在诺曼底海岸上,一面行进,一面射击,使德军士兵惊慌失措,德军的海防线瞬间被突破,两栖坦克功不可没。

20世纪60年代,在越南战场上出现一种会喷火的坦克。坦克上装上喷火装置就成了喷火坦克。喷火装置利用压缩空气的压力,将燃油喷出,在炮口处由点火器点燃,喷发出火焰,射程可达180米,温度高达800~1 100℃,使得敌方阵地成为一片火海,烧毁敌方的碉堡、车辆、装备和军事人员。喷火坦克有的只装喷火装置,专门用于喷火;多数喷火坦克只是以喷火装置为辅助武器,以火炮和机枪为主要武器,既可喷火,又可开炮。美军在越南战场上使用喷火坦克,使得越南军民蒙受重大损失。

架桥、扫雷是工兵的任务。在坦克大家族中出现一类执行工兵任务的坦克,它们便是架桥坦克和扫雷坦克。

架桥坦克顶部没有炮塔,代替炮塔的是一座扁平的、可以伸缩的钢桥。当架桥坦克行驶到河边,便能把折叠的钢桥一头举起,然后,将折叠的钢桥一节节地放开,桥梁的另一头就架到了水中,20多米长的浮桥便在河上架起。一辆架桥坦克架完桥后,另一辆可以接上前一段浮桥。一辆接一辆,一座战地浮桥就这样架成了。步兵、坦克、火炮、车辆可以从浮桥上通过,顺利地渡过江河。在中东战场上,以色列军队利用架桥坦克,在苏伊士运河上架起浮桥,渡过苏伊士运河,偷袭了埃及军队。

扫雷坦克装有扫雷器,用于扫除地雷。扫雷坦克上的扫雷器种类很多,有挖掘式扫雷器、滚压式扫雷器、打击式扫雷器、爆破式扫雷器。扫雷坦克成了现代工兵的扫雷装备,可随坦克部队一起行进,为坦克部

英国的架桥坦克

队在雷场中打开通道。

坦克大家族中还有一些执行专门任务的特种坦克,有装有侦察设备,执行战地侦察任务的侦察坦克;装有通信、侦察设备,用于战斗指挥的指挥坦克;用于运输弹药、燃料、作战物资的运输坦克;装有修理工具与坦克器材的抢救坦克。作为坦克"专业户"的特种坦克在现代战争中发挥有独特作用。

大显身手的主战坦克

20世纪60年代后,出现了一批新型战斗坦克,它们的火力、防护能力达到或超过昔日的重型坦克,又克服了重型坦克机动性差的缺点,特别能战斗。所以,把这种新型战斗坦克称为主战坦克。

主战坦克的出现受到各国军事部门的重视。一些军事大国投入大量人力、物力,纷纷从事主战坦克的研制与发展。主战坦克从诞生到

美国M1A2坦克

现在已发展了三代。从20世纪50年代以来，高新技术纷纷用于主战坦克，美、德、英、法、俄等国家相继推出自己的新一代主战坦克，如美国的M1A2、德国的"豹2"、法国的"勒克莱尔"、英国的"挑战者"、俄罗斯的T-80U等主战坦克，它们都是当今世界上主战坦克的佼佼者，都想争雄称王，成为各自国家的"陆战之王"。

第三代主战坦克具有以下特点：一是战斗威力强，它们配有口径120毫米以上的坦克炮。二是技术装备先进，大多数装有先进的火控系统，并大量配备自动传感设备，实现了高度自动化、电子化，具有全天候作战能力。三是机动灵活，坦克上装有大功率发动机，速度快，还配有高度自动化的指挥、通信系统，能大幅度提高坦克的机动性与作战效率。四是防护能力强，坦克车体小，并配备有新一代复合装甲。

正是由于主战坦克具有上述特点，才使它成为现代地面战斗中的主要突击兵器，成为陆战场的主要突击力量。1973年10月，中东战场上进行了一场规模空前的现代坦克大战，叙利亚、埃及与以色列军队在戈兰高地共投入2 000辆坦克进行交战，在每千米战线上布置有坦克30辆之多，其中大多数是主战坦克。戈兰高地的坦克大战共进行了18天，双方的主战坦克进行了厮杀，双方共损失一千多辆，这场坦克大战实际上是主战坦克的大会战。

如果说中东战争是老一代主战坦克的厮杀，那么，海湾战争则是新一代主战坦克的较量。1991年2月24日，代号为"沙漠军刀"的地面战争拉开了序幕。"沙漠军刀"军事行动是多国部队发动的一场陆上战斗，其目的是要摧毁伊拉克的精锐部队——共和国卫队。多国部队集中了3 700辆坦克，其中大多数是新一代主战坦克。伊拉克拥有4 000辆坦克，其中有中型坦克，但也有不少从苏联和西方国家引进的新一代主战坦克。多国部队采用的是声东击西战术，主力部队出其不意地从西线突入伊拉克本土。多国部队中的新一代主战坦克，如美国的M1系列、德国的"豹2"、法国的"勒克莱尔"、英国的"挑战者"冲在最前面，掩护步兵，突破了沙特阿拉伯与伊拉克的边界线，进入伊拉克南部地区，切断了10万伊军的退路。作为多国部队主要突击力量的新型主战坦克对伊拉克的共和国卫队进行了猛烈攻击。

"沙漠军刀"军事行动中的坦克战几乎是"一边倒"，即多国部队的主战坦克将伊军的坦克团团围住，利用新型主战坦克战斗性能的优势和灵活的战术，用坦克炮和反坦克导弹将伊军的坦克一一消灭。从2月24日到28日，在持续100多个小时的地面战斗中，1 500辆伊军坦克被击毁。伊拉克装甲部队的坦克躲过了"沙漠风暴"的袭击，却躲不过"沙漠军刀"的屠刀。在"沙漠军刀"军事行动中，多国部队的新型主战坦克大显身手。

各种高新技术装备的出现，给主战坦克带来了挑战和机遇，具有强大火力、信息战能力、机动力和防护能力的新一代主战坦克，将成为"陆军骄子"，继续驰骋于21世纪的陆战场，成为未来战争的中坚。

步兵的伴侣

陆战场上，步兵需要坦克突击，去冲锋陷阵；坦克也需要步兵掩护，去占领阵地。但是，步兵行进慢，机动性差。装甲输送车机动性好，可用来运送步兵、武器弹药，使陆军部队快速推进。战车就这样诞生了。

战车与坦克一样同属于装甲车辆大家族，随着科学技术的发展，步兵战车的作战性能越来越先进，成员越来越多，战斗作用越来越大，成为陆战场不可缺少的配角。

步兵战车是步兵的伴侣，它是一种伴随步兵机动作战用的装甲战斗车辆，可以独立作战，也可协同坦克作战。步兵战车由推进、武器、防护等系统及通信、电器设备组成。它的动力装置位于车体前部，炮塔安装在车顶中部，步兵战斗室布置在车体后部。步兵战车将车辆与步兵

结合成一个整体,使步兵可以跟随坦克行动。坦克在前面冲锋,为步兵战车扫清道路,而步兵战车跟随坦克突击,消灭敌人目标。

现代步兵战车出现于20世纪60年代,按其构造分成履带式和轮式两种,履带式步兵战车越野性能好,生存能力强,是步兵战车的主要车型。现代步兵战车有13～28吨,乘员2～3人,载员6～9人,动力装置多半位于车体前部,炮塔位于车顶中部,战斗室位于车体后部。战斗室两侧和后车门上开有射击孔,射击孔上方装有观察镜,便于步兵观察和射击。现代步兵战车的主要武器是机关炮,口径20～40毫米,还装有1～2挺机枪,有的步兵战车上还装有导弹发射装置,可以发射反坦克导弹。

世界上最早装备现代步兵战车的国家是苏联,苏军从1961年开始装备BMP步兵战车,共发展了1型、2型和3型。BMP步兵战车是世界上生产数量最多的一种,共生产30 000辆,除了装备苏军外,还出口别国,在阿富汗战争、两伊战争、黎巴嫩战争、海湾战争中得到广泛应用。

1991年海湾战争,世界上一些新型步兵战车投入了战斗。多国部队装备的步兵战车有美国的M2、英国的"武士"、法国的AMX-10P,伊拉克部队装备的是苏制步兵战车。

在海湾战争"沙漠军刀"军事行动中,交战双方进行了100多个小时的地面战斗。双方的步兵战车跟随各自坦克,在陆战场上厮杀,其中,多国部队的美制M2步兵战车特别引人注目。它以美国五星上将布雷德利名字命名,它是一种履带式、中型战斗装甲车辆。"布雷德利"步兵战车曾经两次出现在伊拉克战场。在1991年海湾战争中,美军的2 000辆"布雷德利"步兵战车伴随着主战坦克——英国"武士"战车风驰电掣般在沙漠里行驶,成为"沙漠军刀"军事行动中的一把真正军刀,重创了伊拉克共和国卫队。

2003年伊拉克战争中,英国派出"沙漠之鼠"装甲旅参加地面战斗。在这支"鼠队"中,有150多辆"武士"系列战车参加对伊拉克的进攻。由于在伊拉克战场上没有进行像模像样的地面战斗,"武士"战车表现平平，只是2003年4月7日那天，"沙漠之鼠"装甲旅攻占了伊拉克巴士拉城，"武士"战车异常活跃，它出没在城市街头，推倒萨达姆塑像，到处炫耀英军武力。

现在，英国"武士"战车已形成庞大的装甲车车族，共有十余种变形车，主要型号有："武士"沙漠车，适应沙漠环境的步兵战车；"武士"炮兵观察/指挥车，装备多种观察仪器和导航设备，用于战场观察和指挥；"武士"抢救修理车，车内装有起吊设备，用于坦克紧急抢修；"武士"反坦克导弹发射车，装有导弹发射架，可发射反坦克导弹。除此之外，还有"武士"系列的布雷车、扫雷车、运输车，各种不同类型"武士"战车用于执行不同的战斗任务，最新型"武士"战车具有隐形特性，其战斗力和防护力有进一步提高。

英国"武士"战车

挥之不去的战后恶魔

1999年3月1日,《国际反地雷公约》正式生效,全世界共有134个国家签署。这项公约是1997年12月在渥太华通过的,禁止制造与使用杀伤性地雷。

但是,地雷没有离开世界。在一些国家与地区的平民百姓还在受到地雷威胁,地雷伤害平民的新闻时常出现在媒体上。

要扫除已埋下的地雷需要行之有效的技术、方法和装备,需要巨额经费投入。更值得人们注意的是老的地雷未扫除完,新的地雷又在研制和发展,而且是变了样的地雷,是一种新概念地雷。

地雷这个"战后恶魔"没有离开战争舞台。名为"弹药"实为智能化地雷的高技术兵器方兴未艾。排雷、扫雷的任务十分繁重,反雷的路程还很长远,真可谓任重道远。

形形色色的地雷

地雷是一种古老兵器,有500多年历史。我国是地雷的故乡,明代兵器制造家发明了地雷,制造了多种形状各异的地雷,用于战争。明代兵书《武备志》中记载了10多种地雷的形制及特性,并绘有地雷的构造图。

19世纪中叶以后,各种烈性炸药和引爆技术的出现,诞生了现代地雷。1903年前后,俄国研制成功制式化生产的地雷,并在战争中应用,取得了一定效果。

英国发明的坦克出现在"一战"战场后,为对付英国坦克,德国在1918年,将炮弹改装成防坦克地雷。随后,德国又研制了两种制式化的防坦克地雷，用于对付英、法军队的坦克，获得了一定的战果。

抗日战争时期中国山东民兵用地雷抗击日本侵略者，地雷大显神威，在胶东抗战史上写下了浓重的一笔。山东民兵发明和制造了数十种地雷，在抗日战争中发挥了巨大的作用。"二战"中防坦克地雷得到了广泛应用。在当时被毁伤的坦克中，有20%是被反坦克地雷毁伤的。

地雷种类很多，按照用途来分，有反步兵地雷和反坦克地雷两大类。

反步兵地雷专门用来对付步兵。雷壳大多由铸铁制成，也有采用塑料和玻璃钢的。外形一般呈圆柱形，直径为60～130毫米。铸铁制的地雷质量约为3～4千克，玻璃钢制的一般为1千克左右，塑料制的一般为几百克左右。

反步兵地雷雷体内装的炸药较少，一般在1千克以内。采用的引信也有多种，如压发的、绊发的，还有电发的。为了提高杀伤力，有的雷体内还装有几百颗甚至上千颗钢珠。当地雷爆炸时，钢珠向四方飞射，增强了杀伤效果。这种地雷的杀伤半径有限，只有10多米。

反坦克地雷是专门用来对付坦克的地雷，反坦克地雷的雷壳有用金属制的，也有用木材、塑料、玻璃钢制的，其形状有圆形、棒形等多种。

圆形反坦克地雷一般直径为200～300毫米，高为100～130毫米，弹体质量为7～10千克，内装有3～5千克炸药。这种圆形反坦克地雷一般采用压发引信，车辆、坦克压到它后才会爆炸。有的反坦克地雷采用磁感应引信，由坦克经过时产生的磁场引爆。

棒形地雷呈棒状，长1 200毫米左右，壳体大多采用塑料制成，内装炸药比圆形地雷多，可达8～9千克。棒形地雷装有压发引信，引爆后可炸毁坦克履带，使坦克失去机动能力。

反坦克地雷中还有一种专门用于反车底的地雷。它可以在坦克全宽度上作用，杀伤坦克内乘员，毁坏车内设备，使坦克失去战斗力。这种反车底反坦克地雷装有磁感应引信，并有自毁装置，过了设定时间便自行销毁。

一般地雷的雷体内装的是炸药,为了提高地雷的战斗威力,在地雷家族中有一种核地雷,实际上它是一种埋于地下的核爆破装置,内装有核炸药,由定时器或遥控装置引爆,形状也多种多样。核地雷爆炸威力巨大,如美国的ADM核地雷,其

美国的一种核地雷

爆炸威力相当于1 000吨TNT炸药的爆炸威力。它在地下爆炸后,能炸出巨大的深坑,有效地阻止敌方军队与车辆行进。

除此之外还有一些特殊的警戒地雷,它可以布设在离阵地很远的地方,能像烟火弹一样起爆,敌人一旦触发了它就会报警,打出一个烟火,通知防御的人员做好迎接敌人的准备。

能跳能飞的有腿地雷

地雷是一种防御性、被动性的杀伤武器,既无腿也无翅,只能被动地等对方自己找上门,才能起到杀伤作用。现代科学技术的发展,特别是电子技术、信息化技术的发展,使得古老的地雷武器有了智能,出现了一批智能地雷。

智能地雷是"有腿地雷",既能蹦,也能跳,还能飞,能够主动、准确地探测跟踪坦克、装甲战车,它能够垂直攻击坦克的软肋:顶部或腹部。这些地雷之所以能够获得"智能",就是因为它们和探测技术、传感器技术、微处理器技术等高新技术结合在一起,所以展现出前所未有

的活力。

智能地雷有多种,如反步兵地雷、反坦克地雷、反直升机地雷等。

反步兵地雷是专门用于杀伤地面部队步兵的地雷。海湾战争中的地雷战证明,反步兵地雷没起到什么实质性作用,反步兵地雷和雷场对提升部队战斗力作用有限,训练有素、装备精良的部队可以快速破除或穿过雷场,相反,普通平民面对地雷却一筹莫展。随着禁雷公约的签署,反步兵地雷也走向了被淘汰的边缘,进入21世纪后,一些国家正在研制新式反步兵地雷,智能化反步兵地雷就是这样出现的。所谓智能化反步兵地雷是一种自爆地雷,即一种设有自爆装置的地雷,如果不引爆,将会在一个设定时间自爆,通常为4小时到15天。要是自爆装置失灵,地雷将会在120天内失效。美国陆军有多种智能地雷,它们可由卡车或履带式车辆上的散播器布设,也可由榴弹炮发射,还可由装于直升机上的散播器布设。

反坦克地雷专门用于攻击坦克、装甲车等装甲目标,其爆炸威力大。英、法研制的"阿杰克斯"路旁反坦克地雷系统是一种自主式远程反坦克地雷系统,设置在路旁。它由"阿杰克斯"探测/火控系统和"阿皮拉"反坦克火箭筒-地雷两大部分组成。它的探测、火控系统由音响-震动警戒传感器、被动红外线的传感器和微处理机组成。作战时,将全地雷系统放在隐蔽处,当装甲车辆接近地雷时,声响、震动引发警戒传感器报警,红外

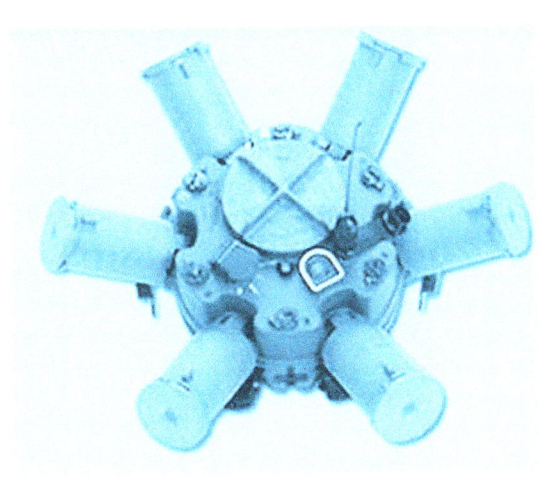

英、法研制的"阿杰克斯"反坦克地雷

线传感器将目标的距离输入微处理机,由微处理机测定目标的方位,计算出发射地雷的提前角。当装甲车辆以3～80千米/时的行驶速度接近地雷时,地雷能在2～200米距离内穿透70毫米以上厚度的装甲。

反直升机地雷专门用于对付低空飞行的武装直升机,地雷体内装有高技术传感器,它可以通过声传感器和信处理器探寻直升机螺旋桨叶片的独特声响,并能分辨直升机的类型,其可靠性达90%,防御范围为半径400米、高度200米以下的空域,战斗部的有效距离在100米以上。美国AHM反直升机地雷由传感器与战斗部、指挥与控制两大部分组成,探测与识别系统采用了高技术传感器,具有全天候工作能力。这种智能化反直升机地雷可用人工、火箭炮、陆军战术导弹或专门的布雷系统布设。当友方部队通过时,它可通过编程传感器关闭雷场,防止造成误伤。

智能地雷投放到战场上后,改变了地雷的防御性、被动性,使其具有进攻性、主动性,这将极大地改变陆上战争的表现形式。更令人不安的是各种智能化地雷正在大步走上信息化战争舞台,而且,它们弃用了"地雷"这个敏感名词,改称"弹药"。其实,地雷没有离开战争舞台,名为"弹药"实为智能化地雷的高技术兵器值得人们关注和认真对付。

地雷怎样布设

以前的地雷是靠工兵埋设于地下的。现代战场上,要是像昔日那样,靠工兵埋设地雷,是无法抵御机械化部队进攻的,为此,出现了一些快速布雷系统。

布雷车布雷是一种机械化布雷方法,已有50多年历史。布雷车种类很多,按照布雷方式可分为两类,一类是放置式(包括埋设式)布雷车,另一类是抛撒式布雷车。

埋设式布雷车上装有布雷装置,用来布设反坦克地雷、反步兵地雷。美国有一种埋设式布雷车,车上装有雷槽和带升降的犁刀,每小时可布设600多枚反坦克地雷。

抛撒式布雷车用来抛撒地雷。抛撒式布雷车是靠机械动力,将地雷抛出去,不仅布雷速度快,而且布雷范围广,可以在布雷车开不到的地方布设地雷场。德国曾研制了一种抛撒式布雷车,车上装有6个箱形地雷投掷器,5分钟内可将600枚地雷布完,形成长度为1 500米,宽度为50米的地雷场。

火箭布雷是利用火箭发射装置来发射布雷弹的。布雷弹的内部装有几十乃至几千枚地雷。布雷弹发射后,沿着预定弹道飞行,到达预定位置后,地雷被抛射出去。德国是最早发展火箭布雷的国家。德国研制的一种轻型多管火箭发射器,装有36个火箭管,一次齐射可发射180枚地雷,能有效地阻拦敌人集群坦克的攻击。

苏联的一种布雷火箭

美国研制了一种多管火箭炮,1门炮装有12个发射管,一次齐射可布撒336枚反坦克地雷。这种多管火箭炮可以独立作战,执行布雷任务,也可伴随坦克行动,快速、突然地进行布雷。

飞机布雷是空军部队利用飞机来快速布雷。在越南战争、马岛战争和海

湾战争中，飞机布雷都曾被广泛使用过。军用运输机、战斗机、轰炸机、军用直升机都可用来布雷。苏联有一种轰炸机，就装备了机载布雷系统，一次可以布下120枚反坦克地雷。这种轰炸机，可以伴随其他战机协同作战，以对付集群装甲目标。德国也研制了一种多用途布雷系统，可安装在"旋风"式多用途战斗轰炸机上。

军用直升机布雷是现代战争中常用的一种快速布雷方法。布雷直升机上装有布雷器和操纵装置。当布雷直升机飞到布雷区上空时，通过弹射装置将布雷器投下。美国曾经研制了一种专供直升机携带的M56布雷系统，一次可布撒160枚反坦克地雷，每架次可以布设一个正面长100米、宽40米的雷场。

布雷直升机速度快，装载量大，机动灵活，利用直升机布雷可以快速地进行大面积布雷。

火眼金睛探地雷

要扫除地雷，先得探测地雷。探雷方法五花八门，按照作用原理分，有电磁探雷、热成像探雷、雷达探雷、化学法探雷、热中子探雷等多种方法，并出现相应的探雷器材，应用于不同场合。

电磁探雷是利用电磁感应原理来发现地雷的一种探雷方法，工兵部队经常使用。电磁探雷器产生电磁场，使地雷上的金属部件受激产生涡电流，被探雷器中的电子系统探测到，产生振荡信号，从而发现地雷。工兵使用的单兵手持探雷器与车载探雷器就是一种电磁探雷器。

热成像探雷是利用热成像装置来探测地雷的。由于地雷在布设过程中，翻动了土壤，土壤的温度发生了变化，利用热成像装置，可以探测到土壤的温度变化，从而探测到地雷。美国研制的一种车载探雷器，就是利用热成像原理探雷的。还有一种可以装在无人驾驶机上的机载远距离雷场探测系统，它装有多个热成像传感器，能将拍摄到的图像传送到地面控制站进行判断，从而探测到地雷。

雷达探雷是用地面雷达来探测的，可探测用电磁探雷的方法发现不了的埋设于地表下面的塑料地雷。英国有一种便携式地面探测雷达，质量为10千克，利用挂在腰带上的干电池，就可工作3～4小时。英国在马岛战争中，就曾用它来探测阿根廷埋设在马岛上的塑料地雷。

化学法探雷是利用化学药品和化学方法来探测地雷的。由于土壤中埋设地雷后，土壤层的结构被破坏，使得水分在土壤中的移动受到影响。利用一种水敏性化学药品，把它喷洒在地面上，化学药品会显现出不同颜色，从而发现地雷。化学法探雷简单、经济、快速、安全，但受气象条件影响。德国研制了一种探雷粉末，它由膨润土、氯化钙和水敏性染料组成。在拂晓时分，土壤中水分刚蒸发时，由飞机向地面喷洒粉末，在喷洒10～15分钟后，人们就可探测到地下是否有地雷。

热中子探雷是利用放射性同位素源或者中子发生器产生的热中子，激活地雷炸药中的氮14的原子核，使它辐射出γ射线，从而被探测到。由于地雷中的炸药含氮量为15%～40%，而土壤中的含氮量只有

用电磁探雷器探雷

0.1%，所以利用热中子探雷器可以探测到地雷中的炸药。加拿大军事部门已经研制了一种热中子探雷装置，用于探雷作业。

扫雷，任重而道远

地雷是世界各地的隐患。要扫除众多的地雷，消除隐患，需要各国共同努力。扫雷要有专门的技术装备，随着科学技术的发展，出现了许多新型的扫雷方法与装备。

现代扫雷作业中，机械代替了手工，许多新型扫雷机械装备于工兵部队，用于扫雷。装甲扫雷车就是一种扫雷机械装备，它是一种装有清除地雷装置的装甲车辆，有车轮式，也有履带式，它们是专门设计用来清除地雷，或者是将清除工具附加在一般用途的装甲车辆上面，用于长时间执行地雷排除任务。装甲扫雷车不是用于清除整个被发现的地雷区，而是将地雷区清理出一至数条的安全通道，提供地面部队人员和车辆安全通过。

"沙漠风暴"行动中，美国军队装备一种带有扫雷耙的战斗工程车。这种扫雷耙由呈V字形的耙齿组成，挂在车前，进行扫雷作业时，把耙齿插入土中，就会将雷场中的地雷挖出。

德国在海湾战争前就试制了一种装甲扫雷车——"雄野猪"，车上装有24个链锤。扫雷时，通过链锤旋转，频频打击地面，可以砸毁或者引爆地雷。"雄野猪"装甲扫雷车可以在10分钟内，开辟出一条宽4.7米，长120米的坦克通道。

在主战坦克前面安装一种特殊的扫雷犁刀，就成了扫雷坦克。扫雷坦克进入雷区后，扫雷犁刀的犁齿插入土中，将地雷掘出，抛到车辙两侧。扫雷坦克可在雷区中开辟出通道。

在扫雷作业中，应用最广而且也最为有效的扫雷方法便是爆破扫雷，它是利用炸药爆炸产生的冲击波来诱爆地雷或使地雷失效。

最早出现的爆破扫雷是将扫雷爆破筒送入雷场中引爆，来扫除雷场中埋设的地雷。扫雷爆破筒直径一般为50毫米，每节长1.5米，壳体由金属制成，内装烈性炸药。利用扫雷爆破筒进行爆破扫雷的方法，为许多国家采用。美国、俄罗斯、加拿大、以色列等国家都装备有各种类型的扫雷爆破筒。现代爆破扫雷已发展成为用火箭爆破器和扫雷火箭弹在地雷场中开辟道路。

马岛战争中，英国使用一种叫"小蝮蛇"的爆破器，它借助火箭发射，利用炸药爆炸来扫雷。后来，英国又研制了一种"大蝮蛇"爆破器，它内装1 500千克塑性炸药，使用时将整个扫雷系统牵引至离雷区45米处，由操作手通过电传动控制火箭发射，在雷场中起爆炸药来引爆地雷。这种"大蝮蛇"爆破器装在拖车上，由坦克、装甲车、战斗工程车牵引，在海湾战争中被广泛应用。

非触发引信地雷的出现，使得机械扫雷、爆炸扫雷相形见绌。为此，出现了一些新颖的不接触地雷的诱爆扫雷技术。

电磁感应扫雷是最先出现的一种诱爆扫雷方法。美国有一种坦克磁场模拟装置，它的电磁感应线圈直径达152毫米，质量为115千克，装于坦克、装甲车前面，能模拟坦克磁场信号，诱爆地雷。由于电磁感应线圈装在车辆前几米远处，所以，地雷爆炸不会损坏扫雷的坦克、车辆。英国在海湾战争中，向多国部队提供的一种电磁扫雷器，是一个方形独立线圈，悬挂在装甲工程车前面，扫雷效果不错。

声响扫雷也是一种非接触的诱爆扫雷方法，它模拟坦克运动中产生的声响、震动信号，来扫除较远距离上布设的地雷，使地雷中的声控传感器、震动传感器失效。声响扫雷器可安装在战斗车辆上，也可装备于飞机、直升机上。

微波扫雷是又一种扫雷新方法，它利用装载于地面车辆、飞机上的微波发射装置，向地面发射高频率微波，利用微波能量烧毁地雷中的电路，使地雷失效。

装甲扫雷车

  21世纪人类仍将受到地雷的威胁。要消除地雷的威胁,不仅需要技术,还需要经费。有专家估计,要扫除1枚地雷,需耗资300～1 000美元,这巨额经费需要有人埋单,从这个意义上说,扫雷,任重而道远。

  虽然,中国没有签署《国际反地雷公约》,但是中国承认并且同意反地雷公约表达出来的精神。中国政府一直致力于解决战后地雷伤害平民的问题,并且已经很有成效;同时,中国政府一直在尽力援助深受地雷危害的国家,履行一个负责任大国的责任。

海上钢铁堡垒

夏威夷州珍珠港停泊着一艘历史名舰——密苏里号战列舰，它是美国在"二战"期间制造的一艘现代战列舰，它见证了日本法西斯的覆没，让人们从这段血腥的战争中吸取到教训。它也参加过朝鲜战争、海湾战争，经历过现代化改造，如今，密苏里号战列舰成了一个纪念馆，它在向人们叙说，"大舰巨炮"时代是怎样的，作为海上钢铁堡垒的战列舰又是怎样退出了海战舞台。

"魔鬼武器"的格斗

在海战舞台上，战列舰曾经是海军舰队的主力，它是一种大型军舰，以火炮为主要战斗武器。由于当时这种军舰的火炮射程和火力有限，而且海战时只能采用直线航海战术，战舰排成单列纵队，成一条直线航行，当敌舰进入火炮射程时，才开始发炮，进行炮战，所以，人们把这种采用直线航海战术的军舰称为"战列舰"。最早出现的是风帆战列舰，历史学家们称它为"魔鬼武器"。

风帆战列舰出现于17世纪，为木质船体结构，船上装有风帆，以风力为动力，排水量1 000吨左右，舰上装有滑膛炮，能发射实心弹。风帆战列舰问世后，它的吨位逐渐增大，排水量增加至5 000吨左右，火炮数量从几十门增至近百门。

英国是最早发展风帆战列舰的国家之一，英国的"胜利"号是风帆战列舰的佼佼者，也是英国海军的骄傲。它建造于1765年，排水量2 162吨，舰长67.8米，舰宽15米。舰上装有3根桅杆，主桅高61.5米。它设置有三层火炮甲板，共装有102门铁铸加农炮和2门巨型短炮。舰上一次齐射,可发射半吨重的炮弹。

1805年10月,英国舰队与法国、西班牙联合舰队,在特拉法尔加角海域相遇。英国海军名将纳尔逊在旗舰"胜利"号上发出命令,让英国舰队分两列纵队前进,同时发起冲击。法国海军的战舰首先开炮,打响了特拉法尔加角海战第一炮。"胜利"号率领英国舰队冲向敌阵,它在接敌过程中,与敌舰队平行而驶,其主桅杆被炮弹击中,航速减低。当英国舰队接近目标时,"胜利"号调转方向,直逼敌阵。刹那间,"胜利"号巨炮齐射,法国舰队旗舰受到重大损伤。

英国舰队的战舰与敌方军舰交织在一起,形成混战局面。纳尔逊在海上混战中被枪弹击中而倒下,英国舰队却以胜利者结束了特拉法尔加角海战。英国舰队共歼灭敌舰15艘,而自身无一损失。这次海战的获胜,"胜利"号风帆战列舰起了重大作用,从而巩固了英国在海上的霸权地位。为纪念这次海战,在英国海军纪念馆中,陈列着修复一新的"胜利"号风帆战列舰。

"胜利"号风帆战列舰

神奇的装甲战列舰

装甲战列舰出现于19世纪中叶,

它是在木质风帆战列舰基础上诞生的，是近代工业产物。

装甲战列舰为钢质舰体结构，以蒸汽机为动力，螺旋桨推进，故又称"蒸汽装甲战列舰"。它的舰体上装有很厚的铁甲或钢甲防护。在它的两舷中部安装有装甲浮动炮台，舰炮为后装线膛炮。

最早出现的装甲战列舰是法国设计、建造的"光荣"号，建造于1858年。其排水量为5 617吨，以蒸汽机为动力，它的舰体为木质，在舷部装有厚12厘米的装甲，舰上装备36门滑膛炮。

法国建造装甲战列舰的消息传到英国，引起英国海军震动。英国为了不失去"老大"地位，于1859年5月建造"勇士"号装甲战列舰，它为钢质结构，排水量9 120吨，舰上装有4台蒸汽机，但仍以风帆为主要动力。在其舷部外侧装有115毫米厚的装甲。"勇士"号装甲战列舰上装有10门线膛炮，26门滑膛炮，是当时世界上吨位最大、火力最强、速度最快的水面军舰。它开创了钢铁战舰新时代。

装甲战列舰的首次战斗发生在美国南北战争期间。当时，北部联邦海军封锁了南方的港口。南部联邦没有海军，便改装了一艘木质蒸汽舰，装有两层铁甲，舰长53.4米，排水量3 500吨，舰上安装了装甲炮塔，共装10门火炮。改装后的战舰命名为"弗吉尼亚"号。北部联邦海军得知后，开工建造了"班长"号装甲舰，它的上部舰体为木质，下部舰体为铁质，排水量1 200吨，甲板上装有一个可旋转的炮塔，装2门火炮。

1862年3月8日，"班长"号装甲舰试航结束，就参加北部联邦海军封锁诺福克港的行动。中午时刻，南部联邦的装甲战列舰"弗吉尼亚"号气势汹汹冲向北部联邦海军舰队。北部联邦海军的快速战舰立即向"弗吉尼亚"号发炮，炮弹命中了目标。由于"弗吉尼亚"号有装甲防护，毫无损伤。"弗吉尼亚"号用撞角撞沉了北部联邦海军的一艘木质军舰。接着，它又转向攻击北部联邦海军的一艘快速战舰，并将其击沉。

3月8日的海战,"弗吉尼亚"号装甲战列舰大显身手,北部联邦海军损失惨重。那天夜晚,北部联邦海军的"班长"号装甲舰赶到锚地。3月9日早上,装甲战列舰"弗吉尼亚"号发现了猎物,迅速驶向"班长"号装甲舰。"班长"号并不示弱,首先开炮。这样,海战史上第一次装甲战列舰之间的战斗打响了。

"弗吉尼亚"号集中全部火力攻击"班长"号。由于"班长"号装甲舰机动性好,使得"弗吉尼亚"号无法实施准确射击。虽然,两艘装甲战列舰都被对方炮弹所击中,由于有装甲防护,舰体损失不大。海战史上第一次装甲战列舰之间的战斗,以打成平手而结束。

装甲战列舰大战

装甲舰队黄海激战

世界海战史上装甲舰队的决战发生于1894年的甲午海战中,中国北洋舰队与日本联合舰队在辽阔的黄海海面进行了激战。这是世界海战史上装甲舰队的首次决战。

参与甲午海战的"定远"号与"镇远"号是北洋舰队的两艘装甲战列舰,它们属于同一舰型,均是清政府为创建北洋舰队向德国订购的装甲战列舰,其排水量7 350吨，舰长89.4米，两舰都装有装甲防护，舷侧装甲厚355毫米。在这两艘装甲战列舰上装有22门火炮，其中主炮4门，口径305毫米。在舰体甲板上装备3具鱼雷发射管，还携带2艘鱼雷艇，每艇配备2具鱼雷发射管。

1894年8月1日，中日两国宣战，北洋舰队主力出海巡弋，寻找日本舰队决战。此时，日本联合舰队也在寻找北洋舰队主力。9月17日上午10时，日本联合舰队先头部队在黄海海面上发现了北洋舰队的军舰，便排成单列纵队，迎战北洋舰队。停泊在锚泊地的"镇远"号也发现有12艘日本军舰正向锚泊地驶来。北洋舰队立即由停泊队形变化成横队形，这样，中日两支舰队一纵一横相遇。

成一列横队的北洋舰队旗舰"定远"号位于横队阵中间，"镇远"号位于横队阵后翼，它们是舰队中坚。北洋舰队在激战中先后击中日本的多艘军舰，打退了日军进攻。日本舰队集中火力，攻打北洋舰队旗舰号"定远"号，使其中弹起火。"镇远"号战列舰用其大口径火炮攻打日本舰队旗舰"松岛"号，迫使其退出战斗。激烈的海战持续了5小时，北洋舰队10艘战舰只剩下"定远"号等4艘军舰，由于战列舰防护能力强，有效地抵御日本舰队炮火攻击。当夕阳西下时，满身伤痕的"定远"号与"镇远"号战列舰缓慢地驶离战区。装甲舰队的首次决战就这样宣告结束。

在20世纪初，日、俄两个帝国主义国家为在中国争夺势力范围爆发战争，两国海军的战列舰进行了一次决战。

1904年8月10日下午1时，俄国舰队刚驶出旅顺口，就遇到日本舰队拦截。双方战列舰上的重炮相互射击，俄国舰队旗舰"太子"号战列舰与日本舰队旗舰"三笠"号战列舰在进行对射，各有伤亡。两支舰队在航行中进行战斗，其队形和作战海域在不断变化。"三笠"号战列舰被多枚重炮击中，伤亡很大，由于这艘战列舰防护坚固，仍能坚持战斗，连连发炮。俄国舰队旗舰"太子"号被重炮命中，司令官阵亡，舰队

英国画报上刊登的甲午海战舰船

一片混乱,溃不成军。

1905年5月17日,日、俄两支舰队在对马海峡又进行了厮杀。俄国舰队的战列舰首先开火,日本舰队旗舰"三笠"号被10发炮弹命中,但仍坚持战斗。经过5小时激战,俄国7艘战舰被击沉,剩下的5艘在逃跑过程中也遭受伏击。对马海战中,俄国舰队以全军覆灭告终,日本舰队的"大舰巨炮"大显威风。

"大舰巨炮"主义的杰作

英国是"大舰巨炮"主义的创导者、信奉者。为了保持头号海军强国的地位,英国建造的战列舰排水量越来越大,舰炮口径越来越粗,装甲越来越厚,动力越来越大。1906年10月,英国建造了巨型战列舰"无畏"号,它是一艘具有划时代意义的战列舰,是"大舰巨炮"主义的杰作。

"无畏"号战列舰排水量17 900吨,它在军舰发展史上有许多革命性变革。第一,具有强大攻击力,舰上装有10门大口径主炮,并配备有火控系统,能使所有火炮瞄准同一目标,一齐射击。舰上还装有5具鱼雷发射管,能进行鱼雷攻击。第二,具有高速度,它以蒸汽轮机为动力,

英国"无畏"号战列舰

航速21节,创造了当时战列舰的最高速度。第三,防护能力强,舰体上装有厚实的装甲,最厚处达到280毫米。为防止鱼水雷攻击,舰体内设置有多道水密隔壁,以提高其不沉性。

"无畏"号战列舰在武器、动力、防护等方面进行较大改进,使战列舰的火力、机动性、防护力有了很大提高,引起各国海军的注意。当时世界上的海军强国纷纷仿效英国,建造"无畏"型战列舰。这样,"无畏"号成了战列舰的样板。德国、日本、美国开始建造"无畏"型战列舰,并出现了"超无畏"型战列舰,"大舰巨炮"主义风靡全球。

在各国海军强国建造战列舰的竞赛中,英国不甘落后,自1910年开始建造第二代战列舰。一种新舰种——战列巡洋舰诞生了,英国的"狮"号战列舰便是最早的战列巡洋舰,它既有战列舰的攻击力,又有巡洋舰的机动力。"狮"号战列舰舰长201米,排水量26 270吨,航速27

节,舰上装有8门口径343毫米主炮,16门口径为101毫米副炮。它十分威武,被称为"海上猛狮"。1916年5月,在日德兰海战中,"狮"号战列舰被重炮击中,燃起熊熊大火,但还能沉着应战,把德国舰队引入陷阱,完成"诱敌"任务。

"大和"号的覆灭

"二战"中,作为"大舰巨炮"杰作的战列舰作了最后的表现,进行了最后的海上厮杀,三艘巨型战列舰都被大海所吞没。

1940年,德国秘密建成了以"铁血首相"俾斯麦命名的战列舰。"俾斯麦"号战列舰是一艘巨型战列舰,舰长251米,排水量50 900吨,航速31节,舰上装有8门口径381毫米主炮,还配备2具鱼雷发射管和4架用于侦察的水上飞机。该舰的防护能力也很强,两舷装甲厚320毫米,舷侧部位还设置防雷装置。所以,德国海军把它称为"永不沉没的战舰"。

1941年5月,"俾斯麦"战列舰秘密出航。英国海军知道消息后,制订了拦截计划。23日,两艘英国巡洋舰发现了"俾斯麦"号,并首先开火。"俾斯麦"号用猛烈的炮火还击,击沉了其中的一艘。英国海军出动航空母舰,参加对"俾斯麦"号的围歼。26日,从英国航空母舰上起飞的战机对"俾斯麦"号进行两波攻击。一枚鱼雷命中舷侧,另一枚命中尾部,"俾斯麦"号操纵失灵。27日,从英国本土赶来的战列舰、巡洋舰、驱逐舰,用炮弹、鱼雷轮番对操纵失灵的"俾斯麦"号进行攻击,"永不沉没的战舰"沉没了,大西洋海成为它的水下坟墓。

日本的"大和"型战列舰也是巨型战列舰,舰长263米,排水量72 800吨,舰上装有3座口径460毫米的主炮,120门口径为30~306毫米的各型火炮。它也具有很强的防护能力,舷侧装甲厚410毫米,有3层舱底,在舰体底部装有多道水密舱壁,能防止鱼水雷的水下攻击。

该型战列舰创造了战列舰排水量最大、装甲最厚、火炮口径最大的纪录,称得上超级战列舰。为此,日本军国主义者把它视为"王中之王"。"二战"期间,日本共建造2艘"大和"型战列舰"大和"号和"武藏"号。

1944年10月,在莱特湾战役中,为阻止美军登陆,"大和"号和"武藏"号驶进莱特湾。美国第38特混舰队从12艘航空母舰上起飞260架舰载飞机,对其实施攻击,美军集中攻击"武藏"号。10月24日,"武藏"被命中14枚鱼雷、16枚炸弹,巨大舰体冒着滚滚浓烟,沉入海底。

1945年4月7日,以"大和"号战列舰为核心的日本特攻舰队,气势汹汹地驶向冲绳岛。当日本特攻舰队进入了美军的警戒圈内,美军第58特混舰队航母上起飞的舰载机盯住了"大和"号战列舰。一支由80架鱼雷机组成的偷袭机群,从侧背方向对"大和"号发起攻击;另一支轰炸机群则对"大和"号进行俯冲攻击。美军舰载机共进行了三波攻击,命中12枚鱼雷、7枚航空炸弹。"大和"号战列舰完全失去了航行能力,舰体发生倾斜,弹药舱内炮弹滑到舱壁,引爆了装好引信的炮弹,弹药舱发生爆炸。爆炸引起的烈火和气浪最终吞没了"大和"号战列舰,舰上2 000余名官兵,葬身鱼腹。

"大和"号战列舰的沉没宣告了日本海军的覆没,也宣告了"大舰巨炮"时代的结束,作为海上钢铁堡垒的战列舰从此退出了海战舞台。

"大和"号战列舰

漂浮的博物馆

"二战"中,战列舰作了充分表现。美国的"密苏里"号战列舰还是"二战"历史的见证者。

"密苏里"号战列舰是美国"依阿华"级战列舰的3号舰,以杜鲁门总统家乡的州名命名,是美国历史上最大也是最后建造完成的"依阿华"级战舰。它在1944年6月11日下水服役,1945年1月"密苏里"号作为第3舰队旗舰,正式加入美国太平洋舰队。

"密苏里"号战列舰舰长270.4米,高度超过20层楼房,排水量45 000吨,舰上装有3座3联装口径406毫米主炮,10门双联装口径为127毫米炮和49门20毫米高射炮。炮塔装甲超过50公分。

1945年2月至7月,"密苏里"号先后参加硫黄岛战役、冲绳岛战役和对日本本土的攻击作战,见证了"二战"结束的历史性时刻。

1945年2月"密苏里"号战列舰跟随美国航母特混舰队,参加硫黄岛登陆战役,用舰上强大炮火,支援美军登陆部队,使美军于3月16日占领硫黄岛。3月,它又跟随美国航母特混舰队,参加冲绳岛海战,用舰上大口径主炮猛轰冲绳岛上日军。其后,它还参加了对日本本土的一系列攻击,给日本军国主义以沉重打击。

朝鲜战争后,"密苏里"号战列舰退役。海湾战争中,美国对它进

"密苏里"号战列舰

行了现代化改装，装备了"战斧"巡航导弹和反舰导弹，重新服役。它用舰上的"战斧"巡航导弹对伊拉克战略目标进行导弹攻击，还用火炮轰击了伊军阵地。在海湾战争中发挥了作用。

如今，这艘参加过"二战"、见证了大战结束历史性时刻的名舰"密苏里"号已经退役，成为一座"漂浮的博物馆"，迎候着来自世界各地的游客，向人们讲述一个个令人入迷的历史故事，也向人们展示现代国防科技，让人们一睹主力舰风采。

水下隐蔽杀手

2013年10月28日,中国各大媒体头版发表文章,解密中国海军第一支战略核潜艇部队,央视《新闻联播》也在头条报道了中国核潜艇部队,首次曝光核潜艇部队大量的视频和训练细节。这引起世界各国媒体广泛关注,一时间,天南地北、街头巷尾的人们都在谈论中国潜艇和核潜艇。

为什么中国核潜艇会引起如此广泛的关注?为什么人们把核潜艇称为"水下核盾"、"大国重器"?让我们来看一下潜艇、核潜艇是怎样发展起来的。

乌龟艇的问世

潜艇是一种水下战斗舰艇,被称为"水下杀手",它诞生于17世纪前后。

1624年,荷兰人德列贝尔制造了一艘木制潜艇,它的外壳是涂着油脂的皮革,艇体两边开有孔座,桨板从孔座中伸到艇体外面。这艘木制潜艇上配有12名桨手,靠桨手划桨来前进。它能在4～5米深的海底潜航好几小时。但是,这艘木制潜艇没有浮沉装置。

1860年,意大利发明家制造了一艘装有浮沉装置的潜艇。这个浮沉装置是一只皮革制造的袋子,注入水后潜艇下沉,排出水后潜艇上浮。这是潜艇上最早使用的潜水装置。

早期的潜艇并不用于军事。第一艘用于战斗的潜艇是北美的布什内尔于1772年设计,1775年建成的乌龟艇。18世纪70年代,北美大陆上的英国殖民者发动一场殖民战争。英国军舰在北美大陆沿海与港口耀武扬威。为了驱逐英国舰队,布什内尔提出建造水下潜艇,对英国舰队进行水下攻击。

当时,华盛顿正领导大陆军进行反殖民战争。华盛顿十分重视布什内尔的建议,请他设计、建造了一艘潜艇。这艘潜艇构造简单,艇的外壳是木制的,模仿成水桶样子。它浮在水中时,像一个尖端朝下的蛋,潜艇艇体像是用两块乌龟壳咬合而成,所以人们称它乌龟艇。

乌龟艇单人驾驶,驾驶员用手摇动一个螺旋推进器来使艇前进,艇内设置一个水柜。潜艇要上浮时,用水泵把水柜内的水排出艇外,使艇上浮。紧急时,还可扔掉艇上重物,使艇迅速上浮。在乌龟艇的顶部携带一个火药桶,当它要攻击敌舰时,潜入敌舰下面,用装在艇顶部的钻头钻敌舰底板,把火药桶系在敌舰底板处,利用火药桶爆炸的威力,炸沉敌舰。

乌龟艇的首次战斗便是1776年夏天的一个夜晚攻击停泊在纽约港外停泊场的英国军舰"鹰"号战舰。原本,布什内尔准备亲自驾艇去作战,因为身体有病,由一名上士代他去执行任务。乘着夜幕掩护,乌龟艇顺着海水漂流,当它接近敌舰时,潜入水下,到达英国战舰的底下。不巧的是钻头钻到的地方是一块金属板,钻头无法钻入。乌龟艇准备换个地方,但是,潮水把它冲离了英国战舰。

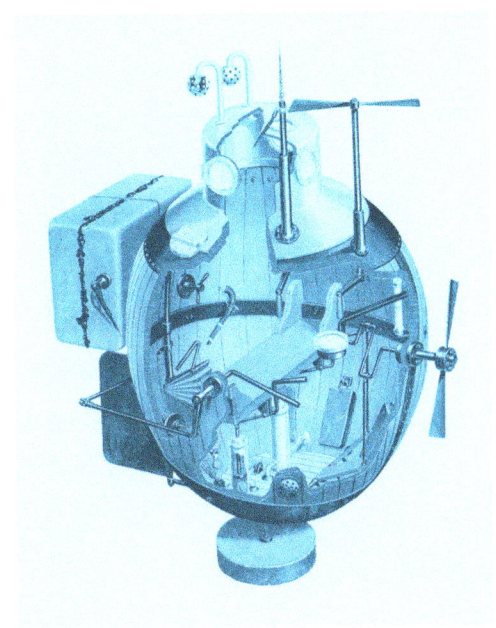

乌龟艇内部构造

乌龟艇只能放弃攻击,浮出水面,被英国巡逻艇所发现。当乌龟艇快被巡逻艇追上时,驾艇的上士急中生智,放出携带的火药桶。"轰隆"一声巨响,吓退了英国巡逻艇。潜艇的第一次水下战斗就是这样结束的。

人力潜艇的悲壮一幕

潜艇问世后,为各国军事家所注意。1801年,美国人富尔敦为法国政府建造一艘风帆潜艇,形如雪茄,长6.89米,骨架是铁的,壳板是铜制的,潜艇上装有可折的桅杆,水面航行时,利用风帆前进;水下航行时,把风帆折起来,用人力转动螺旋桨,能在七八米深的水下潜行。这种风帆潜艇上载有水雷,用于水下战斗。但是,这种风帆潜艇没有进行过水下战斗。

早期出现的潜艇都是人力推进的,利用人力作为潜艇前进的动力。在200多年的潜艇发展历史中出现了多种人力推进潜艇。潜艇发展史上的最后一艘人力潜艇是美国南北战争期间建造的"亨莱"号。它在潜艇发展史上留下悲壮一幕。

"亨莱"号由南军海军上校亨莱出资建造,它实际是一台改建的锅炉,艇内设置有压载物和压载水仓,用来控制潜艇的沉浮。艇的尾部装有螺旋桨,由八名桨手转动螺旋桨来前进。艇上载有水雷,用于水下战斗。在"亨莱"号改建成后,进行第一次试验时,遇到一艘蒸汽轮船兴起的波浪,水涌入艇内,除了指挥员逃生外,全体艇员丧生。

"亨莱"号被打捞上来后,进行了修理。1863年初,修复后的"亨莱"号再次进行试验。在进行潜水试验时,再次沉没,只逃出了两人。"亨莱"号再次被打捞了上来,重新进行修复。1863年10月15日,亨莱上校亲自指挥进行潜水试验。由于"亨莱"号潜艇操纵性不好,再加上亨莱上校指挥不当,艇首进水太多,使得艇首向下倾斜,扎进海底,全体艇员丧生,亨莱上校以身殉职。

"亨莱"号潜艇

由于"亨莱"号潜艇三次沉没,得到一个"水下棺材"的称号。但是,试验还在继续。在"亨莱"号第三次被捞起,又重新进行了改造,在首部装上了撑杆水雷。1864年2月27日,改装了的"亨莱"号奉命出击。它隐蔽地驶出查尔斯敦港,正恰遇到停泊在港口外面的北军战舰"休斯敦"号巡洋舰。"亨莱"号上的撑杆水雷撞上了北军巡洋舰的尾部,撑杆水雷爆炸,"亨莱"号潜艇和北军战舰同归于尽。潜艇史上人力潜艇的最后一幕就这样悲壮结束。

现代潜艇的诞生

"亨莱"号潜艇的沉没,标志着人力潜艇时代的结束,随着机器动力的诞生,人们想用机器动力来推进潜艇。

1875年,爱尔兰人约翰·霍兰设计一艘机器动力潜艇,他把设计图送到美国海军部,当时的美国海军部对潜艇不感兴趣。霍兰找到流亡在美国的爱尔兰革命组织"芬尼亚社",这个组织对机器动力潜艇感兴趣,资助霍兰建造机器动力潜艇,想用这个秘密武器攻打英国军舰。

1878年,一艘单人驾驶的机器动力潜艇"霍兰-1"号建成了,艇长5米,艇上装有内燃机,水下航速3节。可是,这艘潜艇在试验中出了事故而沉没。其后,霍兰又动手建造了"霍兰-2"号,艇长10米,排水量19吨,艇上装有内燃机。为了保持下潜时的稳定,艇体上装有升降舵。同时,在潜艇上装备了气动加农炮,能在水下发射鱼雷,使潜艇成为"水下炮艇"。但是,"霍兰-2"号没有达到预定目标。它发射的鱼雷在水下只能航行几米,就破水而出,无法攻击敌人军舰。

"霍兰-2"号的失败,使"芬尼亚社"组织对霍兰失去了信心,对他停止了资金支持,还拿走了他正在研制的第三艘潜艇。发明家霍兰并不气馁,他在朋友支持下又设计、建造了第四艘潜艇。但是,这艘潜艇下水时出了事故,好不容易建造的潜艇毁于一旦。

1893年,美国海军举行了一次潜艇设计比赛,霍兰夺得桂冠。于是,霍兰在美国海军支持下,动手制造了第五艘潜艇——"潜水者"号,它用电动机推进。但是,美国海军要求"潜水者"号能用于水面作战。霍兰拒绝了美国海军要求,抛开了"潜水者"号,按照自己的见解,设计了"霍兰-6"号。这是霍兰设计的最后一艘潜艇,人们称它为"霍兰"号潜艇。

作为现代潜艇的前身,"霍兰"号潜艇艇长15米,艇上装有一台汽油机和一台电动机,由蓄电池给电动机供应电力。水面航行时,用汽油机;

"霍兰"号潜艇

水下航行时,用电动机。这艘潜艇上装有鱼雷发射管,能在水下发射鱼雷。"霍兰"号潜艇于1897年建成,并在1900年为美国海军所购买。"霍兰"号潜艇成了现代潜艇的雏形,现代潜艇就在它的基础上发展起来的。

潜艇创造海战史奇迹

现代潜艇是在"霍兰"号潜艇基础上发展起来的。自从"霍兰"号潜艇诞生后,引起一些国家的海军注意,纷纷建造潜艇。

在20世纪前,德国海军不注意发展潜艇,直到俄国海军从德国订购了一艘"日耳曼"潜艇,才引起德国海军的注意。1906年,德国海军建造了一艘"日耳曼"改进型潜艇——U-1潜艇。德国的U-1潜艇就这样诞生了,从此,德国开始潜艇的研制和建造。

1912年,德国研制成功用柴油机作动力的U-1潜艇。"一战"爆发后,德国建造的U型潜艇被配到海洋上,袭击英国的海洋运输船舶。U-9潜艇便是其中的一员,艇长42.4米,水下排水量287吨,水下航行用蓄电池作动力,水下航速6节。U-9潜艇潜伏于比利时的奥斯坦德海峡,进行海上狩猎,猎杀过往舰船。

1914年9月22日,3艘英国巡洋舰进入奥斯坦德海峡,航行在最前面的是"阿布基尔"号巡洋舰。在U-9潜艇的潜望镜里发现了英国巡洋舰,潜艇悄悄地靠近"阿布基尔"号巡洋舰,向它发射了鱼雷。"轰隆"一声巨响,鱼雷命中目标。"阿布基尔"号舰体被炸开一道口子,缓缓下沉,葬身鱼腹。另一艘英国巡洋舰"霍格"号也进入了潜艇鱼雷射程。U-9潜艇对"霍格"号发射了二枚鱼雷,"霍格"号巡洋舰被鱼雷击中,甲板上浓烟滚滚,舰体迅速下沉。

另一艘英国巡洋舰"克雷西"号看见"霍格"号爆炸后,认定遇到了潜艇的水下攻击。于是,拉响了战斗警报,准备反潜战斗。当"克雷西"号发现了潜艇的潜望镜,便向潜艇发炮。但是,炮弹没有击中潜艇，而潜艇发射的鱼雷直向"克雷西"号扑来。"克雷西"号好不容易躲过了第一枚鱼雷的攻击，第二枚鱼雷接着而来。鱼雷命中了巡洋舰的锅炉舱，"克雷西"号失去了动力，在水上漂浮。U-9潜艇见状，悄悄接近巡洋舰，用潜艇上最后两枚鱼雷，结果了"克雷西"号巡洋舰。德国的U-9潜艇在1小时内击沉了3艘万吨级英国巡洋舰，创造了海战史上的奇迹。

德国的U型潜艇在"一战"中已崭露头角，到了"二战"时，更是大显身手，曾使盟军舰船深受其害。德国秘密研制了U2型潜艇，艇体用高强度钢制造，水下排水量300吨，艇首装有4具鱼雷发射管，艇尾一具，艇上可携带鱼雷12枚。

1939年10月8日，德国的U-47号潜艇静悄悄地驶离了潜艇基地。10月12日行驶到柯克海湾，前面就是英国海军基地斯卡帕湾。英国海军严密地封锁了海湾。U-47号选择了一个航道狭窄、水下岩石密布的入口处，进入了斯卡帕湾。但是，一无所获，原来，英国军舰在早些时候驶离了斯卡帕湾。

10月14日，U-47潜艇在一处海域发现两艘隐蔽停泊的英国军舰，其中一

"二战"中德国U2型潜艇

艘是英国战列舰"皇家橡树"号。德国潜艇立即发射3枚鱼雷,其中一枚命中了战列舰。"轰"一声响,英军以为舰内发生机械爆炸事故,没有引起注意。U-47潜艇迅速装备好鱼雷,进行再次攻击,又发射3枚鱼雷,全部命中。"皇家橡树"号战列舰的舰体被炸裂,大量海水涌入船舱,机舱内燃油泄漏到海面,整个海面都燃烧起来,火焰吞没了"皇家橡树"号战列舰和舰上900多名官兵。

德国潜艇偷袭斯卡帕湾获得成功,使英国海军蒙受巨大损失。从此,德国的U2型潜艇成了水下杀手,潜艇战成了德国法西斯手中的一张王牌。德国海军还创造了所谓的"狼群战术",即用几艘潜艇组成小分队,像狼群一样轮番对敌方军舰和运输船舶发起水下攻击。德国海军用"狼群战术",组织成群潜艇袭击盟国的海上舰船,破坏盟国的海上运输线,使盟军受到重大损失。

"大国重器"核潜艇

核潜艇是核动力潜艇的简称,其动力装置是核反应堆。世界上第一艘核潜艇是美国的"鹦鹉螺"号,1952年6月开工建造,1957年1月17日开始试航,宣告核动力潜艇的诞生。

核潜艇按照任务与武器装备的不同,可分以下几类:攻击型核潜艇,以鱼雷为主要武器,用于攻击敌方的水面舰船和水下潜艇;弹道导弹核潜艇,以弹道导弹为主要武器,也装备有自卫用的鱼雷,用于攻击战略目标;巡航导弹核潜艇,以巡航导弹为主要武器,用于实施战役、战术攻击。

美国的攻击型核潜艇经历了五个发展阶段,其中第五代攻击型核潜艇"洛杉矶"级核潜艇建造数量最多,艇上装备有强大的攻击武器,有4具鱼雷发射管,载弹量24枚,可发射线导鱼雷,也可发射反舰导弹和反潜导弹。在新建造的"洛杉矶"级核潜艇上,加装12具导弹发射管,可发射"战斧"巡航导弹。在1991年海湾战争中,多国部队对伊拉克的第一波攻击是以"战斧"巡航导弹打先锋,巡航导弹便是从美国的水面军舰和"洛杉矶"级核潜艇上发射的。

首次投入战斗的核潜艇是英国的攻击型核潜艇"征服者"号。那是发生在1982年的马岛海战中。那年5月1日,"征服者"号在水下航行时,发现了阿根廷巡洋舰"贝尔格拉诺将军"号。潜艇艇长请示了海军作战部,在当时英国首相的批准下,"征服者"号核潜艇对阿根廷巡洋舰进行了鱼雷攻击。2枚线导鱼雷击中目标,巡洋舰上燃起熊熊大火,一小时后,"贝尔格拉诺将军"号从海面上消失。"征服者"号首创了核潜艇作战纪录。

当代世界上威力最大的核潜艇是美国的"俄亥俄"级核潜艇,它是美国第四代弹道导弹核潜艇,由于艇上装备"三叉戟"弹道导弹,故又称"三叉戟"导弹核潜艇。它是一艘大型核潜艇,艇长170.7米,水下排水量18 700吨,水下最大航速25节。在其导弹舱内,设置有24具导弹发射筒,可发射"三叉戟"弹道导弹。由于"三叉戟"导弹是一种潜射战略弹道导弹,它的战斗部是8枚分导式热核弹头,每枚子弹头威力为10万吨TNT当量,具有射程远、命中精度高、爆炸力大、突防能力强等特点。所以,"俄亥俄"级核潜艇是美国海军主要的水下核威慑力量,也是当今世界上最先进的战略核潜艇。

俄罗斯是潜艇生产大国,也是核潜艇发展的强国,拥有威力强大的核潜艇。

美国"俄亥俄"级核潜艇

俄罗斯"台风"级核潜艇

目前世界上最大的潜艇是俄罗斯的"台风"级核潜艇。它是俄罗斯的第四代弹道导弹核潜艇,艇长170米,水下排水量25 000吨,水下最大航速26节,导弹舱内布置有20座潜射战略弹道导弹,每枚导弹各装有10个分导式核弹头,每枚子弹头威力为10万吨TNT当量,可以打击世界上任何一个战略目标。"台风"级核潜艇曾经是苏联战略核威慑力量的中坚,如今,它仍是俄罗斯战略核威慑力量的重要组成部分。

中国的海下"核盾牌"

1959年国庆节,苏联部长会议主席赫鲁晓夫访华,毛泽东主席接待了他,提出希望苏联帮助中国研制核潜艇。赫鲁晓夫傲慢地说:"核潜艇技术复杂,价格昂贵,你们搞不了!"这句话深深地刺激了毛泽东,他誓言:"核潜艇,一万年也要搞出来!"

1968年10月,我国第一艘攻击型核潜艇在葫芦岛造船厂开工建造。1970年7月18日,潜艇核反应炉启动。1970年12月26日,这艘攻击型鱼雷核潜艇下水了。1974年1月开始,该艇进行了第三阶段检验性航行试验。经过连续几年试验、试航后,中国第一艘自己设计制造的鱼雷攻击型核潜艇正式交付海军服役。1974年8月1日,这艘鱼雷攻击型核潜艇正式编入海军序列,被命名为"长征一号",编号为401艇。

1981年11月,"长征一号"核潜艇进行了首次超过一个月的长航训练。1984年中国第二艘鱼雷核潜艇交付海军。从此,中国人民解放军又增加了一件极具战略威慑力的"撒手锏"武器,中国成为世界上第五个拥有核潜艇的国家,中华人民共和国在国际上的地位又跃上了一个新的台阶。

在攻击核潜艇的基础上,中国又研制了弹道导弹核潜艇。1981年2月,我国第一艘弹道导弹战略核潜艇建成下水。1983年8月正式加入海军战斗序列,西方称它为"夏级"核潜艇。这艘弹道导弹战略核潜艇建成和交付海军服役,使我国首度拥有了隐蔽性好、生存力强的第二次核打击力量。

1988年9月15日,中国自行研制的战略导弹核潜艇水下发射"巨浪-1号"战略导弹试验获得圆满成功。随后"巨浪-1号"导弹设计定

中国核潜艇

型并装备部队。中国从此拥有了海上核反击力量。这再次引起了世界的震惊,表明中国海军起了质的变化,已经拥有发动海上进攻的能力。

  中国核潜艇经过40多年发展,一代代官兵驾驭核潜艇纵横大洋,建功深蓝,创造了数十项历史纪录:水下长航90昼夜,打破世界核潜艇一次出航时间最长纪录;大深度极限深潜,检验了我国核潜艇深海作战性能;水下发射运载火箭,宣告中国海基战略威慑力量正式形成;连续40年守护核安全,从未发生过核事故!中国海军战略核潜艇部队是共和国的海下核盾牌,是"大国重器",使中国海军拥有了海基二次核反击能力,有力地保证了中国海疆安全和国家安全。

海上浮动机场

这是一个初冬的夜晚,美国太平洋领地火奴鲁鲁岛已是万家灯火,街头闪耀着五光十色的霓虹灯,夜总会里传出阵阵刺耳的音乐,美军官兵沉湎于花天酒地之中。就在此刻,一支由6艘航空母舰为主力的日本舰队正在向火奴鲁鲁岛进发。美国太平洋舰队驻地珍珠港危机四伏。

8小时以后,也就是1941年12月7日早晨,发生了震惊世界的珍珠港事件,51架鱼雷机、49架轰炸机和43架战斗机突然出现在珍珠港上空。袭击开始了,日军轰炸机对美军的机场进行了大规模的轰炸,使得驻在那里的美军空军力量陷于瘫痪;日军战斗机在珍珠港上空猛烈地对地面目标进行扫射;日军鱼雷机则接连地袭击了停泊在珍珠港内的军舰。

日军偷袭珍珠港前后不到两小时,美国太平洋舰队几乎全军覆灭,美国海军在珍珠港事件中的损失,比在"一战"中的损失总和还要多,使美国海军蒙受奇耻大辱。偷袭珍珠港的飞机是从日本航空母舰上起飞的,日军偷袭珍珠港的成功,证明航空母舰可以成为海上主要攻击力量。从此,航空母舰声名大振,世界上许多国家开始建造、发展航空母舰。

"金鸟"号从巡洋舰上起飞

自从莱特兄弟发明了飞机后,美国海军想把飞机装上军舰,想从军舰上起飞飞机。1910年1月9日,美国海军在"伯明翰"号巡洋舰的甲板上制作了一个平台,上面铺设一条长25.3米、宽7.3米的木制飞行跑道。那年11月14日,"伯明翰"号巡洋舰上起飞了一架单座双翼飞机"金鸟"号。飞机贴着海面飞行了几千米后,在一处海滩上安全着陆。第一次从军舰上起飞飞机的试验获得成功。

1911年1月18日，美国海军又在一艘重型巡洋舰上进行飞机着舰试验，军舰的后甲板上，铺设了木制飞行跑道，每隔一米设置一道绳索，两端用沙袋固定，共设置22道绳索，组成拦阻索，帮助飞机停降。飞机是从岸上起飞，在拦阻索帮助下，平稳地停降在军舰的甲板上。飞机第一次在军舰上进行着舰试验获得成功。虽然，飞机在军舰上的起飞和着舰试验最先为美国海军完成。但是，第一艘航空母舰并不是美国海军建造的。

1912年，法国海军将一架水上飞机搭载在一艘战列舰上，英国海军由此受启发尝试建造一种专门搭载水上飞机的母舰，即水上飞机母舰。1913年5月，英国海军将"竞技神"号轻巡洋舰改装成水上飞机母舰。

世界上第一艘专门建造的水上飞机母舰是英国的"皇家方舟"号，舰长112米，排水量7 450吨，首部甲板上有一块长40米空间作为飞行甲板。舰上可装载10架水上飞机。这些水上飞机由设置在前甲板的2台起重机吊放到水面或从水面回收。"一战"中，英国的"皇家方舟"号参加了地中海海战。

1914年8月，英国海军又把3艘海峡渡轮改造成小型水上飞机母舰。每艘可装载3架水上飞机。这样，英国海军建成了世界上第一支可装载水上飞机的航空母舰编队。这支航母编队参加了对德军飞艇基

英国"竞技神"号水上飞机母舰

地的攻击,虽然没有取得战果,但这表明,水上飞机母舰可利用水上飞机进行空中攻击。

争夺"纯种母舰"的桂冠

水上飞机母舰搭载的水上飞机战斗性能不如战斗机。为此,英国海军尝试在军舰上搭载战斗机。

1917年3月,英国将一艘正在建造的大型巡洋舰"暴怒"号改造成飞机母舰。改建后的"暴怒"号称为飞机搭载舰,舰长239.7米,排水量19 513吨。在其舰体前半部设置一条70米长的飞行甲板,可搭载10架飞机,其中6架战斗机,可在飞行甲板起降;4架水上飞机降落于水面后,由吊车将其吊回舰上。改建后的"暴怒"号飞机降落不安全,后来进行了改造,在舰体后半部加装一条86.6米长的飞行甲板,可供飞机降落,飞机还可同时起降,搭载飞机的数量增加到20架。可以这样说,"暴怒"号是一艘真正意义上的航空母舰,也是世界上第一艘真正能起降战斗机的航空母舰。

英国是最早发展航空母舰的国家,经过多年摸索,特别是经过"一战"的实战检验,发现用水面舰船改造成的航空母舰,有许多缺陷。于是,英国海军最先开始设计、建造具有"纯种血统"的航空母舰,即所谓"纯种母舰"。

1918年1月,英国动工建造了第一艘"纯种母舰"——"竞技神"号,舰长182.3米,排水量10 950吨,它采用全通式飞行甲板,可搭载20架舰载飞机,它是世界上第一艘专门设计的航母。但是,世界上第一艘"纯种母舰"的桂冠却被日本的"凤翔"号所摘取。

日本是从1913年开始发展航空母舰的。1914年8月,日本将一艘商船改装成水上飞机母舰,其甲板上可搭载2架水上飞机。日本海军见到当时的海军强国在发展可搭载战斗机的航空母舰,便于1920年开

日本"凤翔"号航空母舰

工建造"凤翔"号。它采用全通式飞行甲板,岛式上层建筑,其舰长为168.25米,排水量7 470吨,可搭载21架舰载飞机。虽然,"凤翔"号的开工时间晚于英国的"竞技神"号,但是,由于工程进展快,却在1922年先于英国"竞技神"号建成。这样,日本的"凤翔"号摘取了世界上第一艘"纯种母舰"的桂冠。

偷袭珍珠港的元凶

虽然,日本研制航母起步晚,但是发展速度却很快。在"二战"爆发之前,日本已建造了多艘航空母舰,有10艘已经服役,编入日本海军舰队,另有5艘航母正在建造。当时,日本在役的航空母舰数量最多。

1941年12月6日,由南云中将率领的日本航空母舰编队由6艘航母组成,它的旗舰是"赤城"号,它是由一艘战列巡洋舰改建而成,舰长261米,排水量26 900吨,可搭载60架舰载飞机,舰上有三层飞行甲板。

该舰于1927年3月完工，1935年进行改建，将飞行甲板改为一层，并采用岛式上层建筑。

"赤城"号航母曾是日本海军的主力航母，是偷袭珍珠港的日本航空母舰编队的指挥舰，曾为日本海军立下汗马功劳，可以说是偷袭珍珠港的元凶。偷袭珍珠港的第一攻击波战机中的49架轰炸机首先从"赤城"号航母上起飞，接着共有183架战斗机、轰炸机、鱼雷攻击机分别从6艘日本航母上起飞，编队完毕后直扑珍珠港。

日本航母编队第一攻击波结束后，又进行了第二攻击波的攻击。日本航母编队第二攻击波的171架战机也是从6艘日本航母上起飞的，第二攻击波的攻击持续了一个多小时。日军偷袭珍珠港前后不到两小时，美国4艘战列舰被击沉，4艘被击伤，炸沉、炸伤巡洋舰、驱逐舰等舰船十多艘，击毁美军战机188架，美军死伤官兵4 500人。美国太平洋舰队几乎全军覆灭。

太平洋战争的战火由此燃烧起。后来，"赤城"号航母又参加了中途岛海战。1942年6月4日，它被美国航母上起飞的轰炸机炸成重伤，失去了战斗力，后被日本自己的驱逐舰用鱼雷击沉，了其一生。

日本的航母在"二战"中作了充分表现，其中寿命最短的是在"二战"期间建造的"信浓"号重型航母，它是由一艘战列舰改建的，舰长

日军偷袭珍珠港

266米，排水量62 000吨，可搭载44架舰载飞机，舰上装备有多种口径的火炮，还有装甲防护。

1944年11月19日，"信浓"号重型航母被编入日本联合舰队。11月28日，"信浓"号在3艘驱逐舰护卫下首次出航，就遇到美国潜艇的跟踪。11月29日，美军潜艇在水下发射6枚鱼雷，其中4枚命中"信浓"号舰体，燃起熊熊烈火，这艘重型航母首次出航便葬身海底，创造了航空母舰发展史上寿命最短的纪录。

"二战"中的航母明星

"二战"期间，航空母舰作了出色表现，诞生了一代航母明星。它们在海战中发挥了重要作用。

"光辉"号是英国"光辉"级航母的首制舰，1940年8月加入英国海军地中海舰队，舰长229米，舰宽29.2米，标准排水量23 000吨，可搭载36架舰载飞机，舰上装有坚固的装甲。1940年11月11日，英国海军以"光辉"号航母为核心，利用舰载飞机袭击意大利海军基地塔兰托。第一攻击波是由12架鱼雷攻击机进行攻击，港内停泊的意大利巡洋舰、驱逐舰和其他军船乱成一团。当第一攻击波撤出战斗后，第二攻击波接着进行，2架攻击机投下24枚照明弹，把海港夜空照得如白昼样通明，5架鱼雷攻击机投射5枚鱼雷，重创了一艘意大利战列舰。

夜袭塔兰托，"光辉"号航母上的舰载机用了一个多小时击沉意大利战列舰1艘，重创2艘，击伤意大利巡洋舰及辅助舰各2艘，充分显示了航空母舰在现代海战中的巨大作用。

在日本航母编队偷袭珍珠港后，美国海军决意进行报复。为此，美国太平洋舰队决定对日本发动一次空袭，目标是日本首都东京。美国海军精心策划，让美国"大黄蜂"号航母载着美国空军的大型轰炸机

B-25去袭击东京。

"大黄蜂"是美国"约克城"级航母的三号舰,舰长252.2米,标准排水量19 900吨,可搭载90架舰载飞机,它有岛式上层建筑,舰上装有坚固的装甲。由于舰载飞机作战半径小,在"大黄蜂"甲板上停放了16架美国空军的B-25大型轰炸机。1942年4月2日,"大黄蜂"号航母在6艘水面军舰护卫下,驶入了太平洋。4月13日,"大黄蜂"号航母编队与担任支援任务的美国第16特混舰队在太平洋预定海域会合。两支航母编队会合后,一齐向日本东京方向驶去。

4月18日清晨,"大黄蜂"号航母距离日本海岸800海里。8时15分,"大黄蜂"号航母拉响了战斗警报,一架架B-25轰炸机从甲板上起飞实施轰炸东京的任务。

这是日本本土遭遇的首次空袭。"大黄蜂"号航母奇袭日本东京成功,使美军士气高昂。"大黄蜂"航空母舰由此声威大震,成为"二战"中的明星航母。

起飞中的
B-25轰炸机

海上巨无霸

"二战"后，军用飞机有了很大发展，出现了喷气式飞机。为了搭载喷气式飞机，并能使携带核弹的重型轰炸机从航母上起飞，美国专门设计、建造了重型航母。美国第一代重型航母是"福莱斯特"号，它于1955年10月建成，舰上可搭载90架各种类型战机。

"福莱斯特"级航母除了"福莱斯特"号外，还建造了"萨拉托加"号、"突击者"号、"独立"号等多艘。在"福莱斯特"级航母基础上，美国又建造了"小鹰"级航母。这是美国最后一代常规动力航母。在"小鹰"级航母中，参加战斗活动最多的是"美国"号，它参加了越南战争、美国与利比亚在锡德拉湾海战和海湾战争。

1954年9月，美国核动力潜艇建成、服役后，美国海军认识到核动力优越性，决定研制核动力航母。1961年11月，世界上第一艘核动力航母"企业"号建成服役。美国的"企业"号航母标准排水量75 700吨，舰长342.3米，宽40.5米，舰上装有8座核反应堆，航速33节，可搭载86架各种类型战机。由于核动力航母上装备核动力装置，使航空母舰具有更大的机动性和惊人的续航力，更换一次核燃料可连续航行10年。而且，它可以高速地驶往世界上任何一个海域。

当今世界上，海军军舰吨位最大、技术最先进、战斗力最强的军舰便是美国的"尼米兹"级核动力航母。它的首制舰"尼米兹"号于1975年5月建成、服役。它的标准排水量72916吨，舰长332.9米，舰上装有2座核反应堆，航速30节以上，装填一次核燃料可持续使用13年，航程可达到100万海里。舰上可搭载90架各种类型战机，必要时舰载机可超过100架。除了装备舰载机外，还装有3座8联装导弹发射装置，可发射防空导弹，用于对付来袭的敌方战机和导弹。

作为海上巨无霸的"尼米兹"级核动力航母，不仅具有强大的攻击力,还具有极强的生命力。它即使被多枚炸弹、导弹、鱼雷、水雷命中,也不会沉没。由于全舰采用封闭式构造,它具有防核辐射、生物和化学污染能力。所以,它又是目前世界上生命力最强的军舰。

"尼米兹"级核动力航母是美国战略威慑力量的重要组成部分,是美国这个超级大国称霸世界的工具,它们曾参与多次局部战争和危机事件。2003年3月,美、英发动了伊拉克战争。"尼米兹"级核动力航母中的"华盛顿"号、"杜鲁门"号,参与了对伊拉克的军事行动。核动力航母再次在海湾地区发威,发挥了战略威慑作用。

如今,美国又在发展新一代核动力航母"福特"级,首制舰"福特"号于2013年11月9日下水。该级核动力航母采用了多种高新技术,有舰载机采用电磁弹射系统弹射,舰上装有新的大功率一体化核反应堆,还装有F-35舰载机、舰载激光防御系统以及新型雷达等关键性的舰用高科技装备。"福特"号将于2015年建成入列,它将成为当今世界最强一代水上打击力量。

建成后的"福特"号核航母

"辽宁舰"探秘

2012年深秋的大连港,阳光和煦,停靠在码头的一艘雄伟战舰舷挂满旗,舰上官兵精神抖擞,分批列队,战舰交接列队仪式在雄壮的国歌声中开始。当时的国家主席胡锦涛向海军接舰部队授予军旗和命名证书。从此,中国海军有了第一艘航空母舰"辽宁舰",中国航母从这里起步。

"辽宁舰"的前身是苏联航母"瓦良格"号,这是继刚完成建造和下水的"库兹涅佐夫"号航母之后,在造船台上实施建造的又一艘航母,从1985年12月4日开始建造。随着苏联解体和乌克兰独立,"瓦良格"号航母变成了乌克兰的财产。但是,乌克兰没有能力继续建造这艘未完成的大型航母,曾被长时间遗弃在尼古拉耶夫市的岸边。1995年,"瓦良格"号正式退出俄罗斯海军的编成,并以偿还债务为由送给了乌克兰。

几经波折,"瓦良格"号落户中国,一直停泊在大连造船厂沉寂了好几年。一直到2005年5月下旬,"瓦良格"号被转移到一个船坞中,进行了船壳维护相关工程。当"瓦良格"号离开船坞回到水上时,这艘航母已经被喷上海军军舰的标准涂装,表明该舰的所有权已经被海军获得,"瓦良格"号开始了改建,进行设备安装。

2012年9月25日,"瓦良格"号完成了改建工作,举行交接入列仪式,正式交付海军使用,成为中国海军"辽宁舰"。中国人的百年航母梦终于成为现实。

"辽宁舰"是一艘常规动力航母,以4台蒸汽轮机为动力。舰上可搭载固定翼飞机和直升机,舰载机是重要进攻力量,配置有:预警机2架、直升机5架、运输机3架、其他机型3架、战斗机20~30架。固定翼舰载机采用的是滑跃式起飞方式。它是在一艘旧的航母平台上改造出来的中国第一艘航母,它更是推进自主创新、自主研发的结果。

交接入列的"辽宁舰"与它的前身"瓦良格"号航母大不相同,发生了质变。它要比"瓦良格"号更好,变化非常大。最大的变化是舰上装备的雷达和电子系统,"辽宁舰"装有我国自行研制成的四面相控阵雷达,这种型号雷达已经经过实战的考验。"辽宁舰"航母上的"歼—15"舰载机,它是完全意义上的国产舰载机,是我们自己研制的舰载机。虽然在外形上跟某些国家有些舰载机相似,但是实际上,它的武器系统,像雷达、通信、导航都已经完全国产化了,而且信息化程度比形似的某些国家的这种舰载机要强得多。还有甲板航空设施拦阻索,完全是自己研制的。另一个突出的变化就是进防武器系统,它与"瓦良格"号相比,总的武器数量有所减少,但是武器的质量有了提高,舰上自卫用的防空导弹,导弹的制导雷达等装备,完全国产化了,它的自卫防御能力也比较强。可以这样说,"辽宁舰"是一艘基本能够满足我们作战需求、防空需求的新型作战舰艇。

"辽宁舰"在试航

2013年11月26日上午,中国第一艘航空母舰"辽宁舰"从山东青岛某军港解缆起航,在海军导弹驱逐舰沈阳舰、石家庄舰和导弹护卫舰烟台舰、潍坊舰的伴随下,赴南海海域开展科研试验和训练。这是"辽宁舰"首次以航母战斗群形式赴南海海域训练。

我国发展航空母舰是党中央、国务院、中央军委着眼国家安全和发展全局作出的重大战略决策,第一艘航空母舰"辽宁舰"交舰入列,开展科研试验和训练,对于提高我军现代化水平,促进国防科技工业技术进步和能力建设,增强国防科技实力和综合国力,振奋民族精神,激发爱国热情,鼓舞全党、全军、全国各族人民奋力夺取全面建成小康社会新胜利,开创中国特色社会主义事业新局面,具有重大和深远的意义。

角逐，在濒海

海战史上的几次大海战都是在远海洋面上进行，战列舰、巡洋舰、驱逐舰、航空母舰在辽阔的海面上进行激战。所以，世界上的海军强国都重视发展大型远洋战舰，使其海军舰队具有强大的远洋作战能力。

但是，在最近几年内情况发生了变化，一些海军强国的目光转向近海、沿海海域，这些国家的海军舰船科研设计人员闻风而动，一批能在濒海水域作战的新战舰应运而生，这就是"濒海战斗舰"，它们将角逐在濒海。

"濒海作战"的由来

在20世纪的冷战时期，美国海军实行远洋战略，其装备发展计划是针对苏联海军进行武器竞赛，把发展远洋作战能力置于首位，全力发展航空母舰、核潜艇、宙斯盾战舰等大型远洋战舰。

1991年，苏联解体了，世界形势发生了巨大变化。美国海军作战对象也发生了变化。美国海军认识到，今日海战场在近海濒海水域。在过去近30年内的局部战争中，美国海军在战斗中损失了5艘军舰，其中3艘被水雷损坏，1艘被反舰导弹击中，1艘被自杀小艇所破坏，全部发生在近海濒海水域。在伊拉克战争中，美国舰队的一半战舰停泊在海湾的濒海水域。由此，美国海军提出了"濒海作战"概念，并提出了发展"濒海战斗舰"计划。

所谓"濒海战斗舰"（代号LCS），是指一种能在全球沿海水域作战的速度高、机动性好的水面舰艇。美国海军对"濒海战斗舰"的要求是它能完成下列两类任务：一类是海上作战任务，能在濒海海域作战，包括针对敌方小型舰船的濒海反水面作战、针对敌方潜艇的反潜作战和濒海水雷对抗作战，同时能执行海上拦截和本土防卫任务；另一类是辅助战斗任务，包括海上监视、侦察和情报搜集，支持特种作战和支持人员/物资输送。美国海军要求"濒海战斗舰"能在濒海环境中独立作战，又要能与美国海军舰队、美国海岸警卫队或盟邦舰队协同作业。

按照美国海军的要求，"濒海战斗舰"的基本架构分为两大部分：海上骨架和任务模块。

所谓"海上骨架"，即其核心系统，是所有"濒海战斗舰"的基本共通单元，不因任务变化而不同，包括舰体运载平台、动力与航行操作系统以及其他必备的基础系统等；而"任务模块"是根据它所执行任务的不同而装备的模块，是即插即用的装备模块，根据不同的用途而规划出几种不同的任务模块。

为了达到"即插即用"，"濒海战斗舰"的战斗系统使用开放式架构。为了便于快速换装，"濒海战斗舰"的任务模块次系统都安装在符合标准货柜尺寸的容器内，安装固定后只需连上电源以及与舰上作战系统的数据扁平电缆，就能运作。一个基本的"海上骨架"结合特定任务所需的任务模块后，就构成一个完整的作战单元。

若要改变一艘"濒海战斗舰"任务，只需换装对应的任务模块。由于该种战舰具有"即插即用"的特性，所以它能直接在军港基地里迅速换装任务模块，不需回到船厂进行换装。

在"濒海战斗舰"上装备有多种传感器和作战系统，并能根据任务需要，灵活组装不同的武器模块系统，使其在反潜、反水雷、反水面舰艇的作战技术、战术性能方面有质的提升。"濒海战斗舰"能面对各种威胁，它能攻击、回避高速舰艇，进行濒海海域作战；它也能进入雷区，进行反水雷战；还能在濒海水域进行反潜战。

由于"濒海战斗舰"具有良好的规避敌方雷达探测能力和通信指

美国的LCS-1
"自由"号濒
海战斗舰

挥能力,能秘密行驶至敌海岸,协助特种部队作战,所以可以说,"濒海战斗舰"是未来近海濒海水域的"全能战舰"。

美国的"濒海战斗舰"

濒海战斗舰是美国海军下一代水面战舰的第一种设计,它是一种在靠近海岸的濒海区域作战的相对小型水面舰船。按照美国海军部官员的描述,濒海战斗舰是"一个小型、快速、可操作、相对便宜的对地攻击驱逐舰家族成员",它比导弹驱逐舰小,与护卫舰相仿,具有小型攻击运输舰的能力。

按照美国海军部官员的设想,濒海战斗舰易于根据不同的作战角色而重新配置武器和装备,用于执行包括反潜、反水雷、反水面舰艇、情报、监控和侦察、国土防御、海上拦截、特种作战、后勤保障等战斗任务。这得益于它的模块化设计。所以,濒海战斗舰能替代常规的舰艇如扫雷艇和攻击艇。

为适应美国海军战略变化，美国的军事科研部门和军工生产企业提出了多种类型的"濒海战斗舰"设计方案，洛克希德·马丁、通用动力和雷神公司于2004年提交初步设计给海军。2005年6月2日，美国首艘濒海战斗舰"自由"号（LCS-1）开工建造，于2006年9月23日下水。同年，首艘通用动力的三体船设计"独立"号濒海战斗舰（LCS-2），也开始建造。

"自由"号濒海战斗舰（LCS-1）是美国濒海战斗舰首舰，由洛克希德·马丁公司建造，它是一级单体濒海战斗舰，采用了一种高生命力的半滑行单体船设计，具有出色的机动能力、适航性、任务执行能力和适居性。该舰长127.4米，标准排水量2 176吨，最高速度44节，续航距离4 300海里/18节。该舰可携带2架直升机，还可携载无人机。

该舰布置了不同的集装箱式模块，可以非常简便地换装设备和武器。对于不同的军事部署和作战需要，可以采用不同集装箱式模块。虽然一艘濒海战斗舰每次只能对抗一种非对称濒海威胁，但濒海战斗舰上的可配置使命模块能够很容易地从岸上或其他设施上运来进行重新配置，可承担各种不同的使命。它可以装备反水雷系统装置，用于扫水雷，能发挥扫雷舰作用；能够装备反潜传感器和反潜武器，可以发现、攻击潜艇，用于反潜战；还能够装备舰炮和火箭，为登陆作战部队提供火力支援。此外，它还可支援美军"海豹"特种部队登陆或其他的海陆装备突击队型部队。还由于它具有极强的隐身能力，装备有先进的传感器系统和电子设备，能在近海浅滩航行，具有敏捷、灵活的操纵性能，所以还能用于海上侦察、监视和收集情报。

"独立"号濒海战斗舰（LCS-2）是美国第二种类型濒海战斗舰，采用了由通用动力公司研制的铝质三体舰船型，在其主船体外，两侧有侧向船体，所以它具有速度高、稳定性能好、海上航行性能好等特点。该种隐形三体舰能在5～6级海面上航行，舰上布置有飞行甲板，可起降重型直升机。它可利用舰载直升机、无人机进行濒海作战。

该舰由美国奥斯图船厂建造，舰长127米，标准排水量2 784吨，航速43节，续航力6 900千米以上。该舰装备了一座57毫米、两座30毫米舰炮和一套反舰导弹防御系统。该舰飞行甲板可以容纳2架H-60直升机。机库可容纳2架H-60直升机和3架MQ-8B"火力侦察兵"无人机。

该舰的"可配置使命模块"有多种，有反潜战模块、水雷战模块和反水面战模块，可在岸上或其他设施上方便地进行重新配置，因此它能承担各种不同的使命：反潜战、水雷战和反水面战。

"自由"号(LCS-1)和"独立"号(LCS-2)是两种不同类型的濒海战斗舰，它们各具特点，各有所长。美国海军有意让它们竞相发展，使得美国研制的濒海战斗舰能符合美国海军要求，能适用濒海作战。美国海军之所以积极发展、建造濒海战斗舰，主要是它可以完成传统的大型水面舰只所不能完成的一些作战任务，以支持大范围的联合作战行动，保障海军部队在对方水面舰艇、潜艇和水雷的威胁下进入濒海地区，进行濒海作战。

美国的LCS-2"独立"号濒海战斗舰

多种类型的"濒海战斗舰"

"濒海作战"概念得到许多西方国家海军的认可,这些国家的海军科研设计人员闻风而动,纷纷研制能在濒海水域作战的新型战舰。正是由于许多西方国家海军竞相发展"濒海战斗舰",许多高新技术在军舰上应用,诞生了多种类型的"濒海战斗舰"。

英国海军为发展未来海面战斗舰船,建造一艘技术论证船"海神"号三体型试验船。它是世界上最大的一艘三体船,有三个船体,采用钢结构,全长90米,船宽22米。它装备有电力推进装置,用电力推进。

"海神"号的三体结构船体和传统的单一船体相比,有以下优点:一是水阻力小,可减少航行成本;二是增加了船体长度,提高了航行稳定性;三是三体结构船体使上甲板拥有更多的空间,能用于布置飞行甲板和配置直升机机库。

该艘三体型试验船的尺寸是将来全比例护卫舰的三分之二,于2000年3月下水,从2000年10月开始进行系列试验,为发展三体型濒海战斗舰积累经验。

2001年8月,"海神"号使用一架英国海军"山猫"直升机成功地完成一系列着舰和起飞试验。2002年9月,"山猫"直升机又成功完成

"海神"号三体型试验船

了海上航行补给、结构载荷和适航性试验。成功地证实三体船设计完全等效于一艘单一船体船舶,能以完全相同的方式操作。"海神"号被用作海军系统的一个测试平台,包括声呐浮标、小型拖曳水下系统、电子战和开发信号控制技术的测试。

挪威海军为了提高近海作战能力,研制了"盾牌星座"级气垫双体船。它以一个双体船型艇身连同在船体之间的一个空气垫为基础,兼有气垫船和双体船的优点。

由于它采用气垫双体船型艇身和使用喷水推进,提高了速度和适航性。该舰的吃水深度为0.9～2.3米,所以可以在非常浅的水域航行,这是其他舰船无法做到的。舰上可携带8枚反舰导弹,导弹射程超过150千米。它可用于浅滩近岸水域战斗巡逻,对敌方水面舰艇进行导弹攻击,并具有高速度、小尺寸、吃水浅特点,又能装备重武器,具有海滨战斗能力。

"盾牌星座"级气垫双体船构造上广泛采用复合材料和雷达波吸收材料,并采用隐形技术手段,所以它具有良好的隐形性能。挪威"盾牌星座"级隐形导弹快速巡逻艇是世界上最先进的巡逻艇,采用全新技术概念,因此在技术发展方面代表一种全新的发展方向。

"盾牌星座"级导弹快速巡逻艇

到2002年9月,"盾牌星座"级导弹快速巡逻艇在美国完成了为期13个月的测试,允许美国海军研究"盾牌星座"级设计技术概念,并参与美国海军组织的一系列海上演习和大量试验。美国海军利用考察"盾牌星座"级导弹快速巡逻艇获得的经验来改进自己的濒海战斗舰。

瑞典海军研制了世界上第一种全隐形护卫舰"维斯比"级轻护卫舰。该舰具有隐形功能,其排水量600吨,全长73米,舰宽10.4米,吃水2.4米。舰上装有一套由柴油发动机与燃气轮机组合的混合推进系统,最高速度38节,最大航程2 300海里。

该舰排水量不大,舰上装备的武器不少,有三具400毫米鱼雷发射管,能发射反潜自导鱼雷,一门57毫米多用途舰炮,还携带有"长尾鲛"远程操纵潜水器,用于处理水雷。该舰可用于近海作战,进行反水雷战、反潜战,还能执行攻击、反水面舰艇和战斗巡逻等多种任务。

"维斯比"级轻护卫舰具有良好的隐身能力,能应付最新、最尖端的雷达和红外监视探测装备。在不施加干扰时,平静的海况被探测距离22千米;在恶劣海况被探测距离13千米。施加干扰时,平静的海况被探测距离11千米;在恶劣海况被探测距离仅8千米。该舰还在继续提高隐身能力,尽最大可能使其光学、红外信号、水声学和水声信号等方面达到最小值,还包括采用降低水面下电位和磁场特征、压力场特征、雷达横截面和有源发出信号的减少抑制技术。

瑞典"维斯比"级轻护卫舰

"濒海战斗舰"的克星

有矛,必有盾。就在美英等国竞相发展"濒海战斗舰"的同时,俄罗斯海军也不甘落后,积极发展能对付"濒海战斗舰"的新战舰,用于濒海作战。一批"濒海战斗舰"的克星诞生了。

俄罗斯的小水线面隐形巡洋舰方案,采用小水线面船型,即在水线面处线型狭窄,水线面积小。所以,航行时水阻力小,速度快。该方案的设计排水量1 200吨,有效载荷150吨,最大航速55节。舰上装备有反舰导弹、新型防空导弹和密集阵舰炮系统,还将装备高威力反潜导弹,使用特种自导装置,借助发动机迅速接近并摧毁目标。

甲板下布置有直升机机库,甲板上布置有直升机起降平台,可供舰载直升机起降。该种轻型巡洋舰采用隐形技术,舰体线型光滑,无突出部位,具有对雷达探测隐形功能,所以,它成了隐形的"海上堡垒",可利用舰上的反舰导弹和舰载直升机,对敌方的濒海战斗舰发起突然袭击,成为濒海战斗舰的克星。

未来隐形导弹巡洋舰的另外一个撒手锏是浮雷,它可事先布设在敌方舰艇可能出现的水域,借助雷锚沉入水底等待敌方舰艇到来,根据事先录入水雷数字存储器中的敌方舰艇噪声,可辨别方圆3千米内的敌方舰艇,包括噪声水平最低的潜艇,锁定目标后,巡洋舰启动攻击系统,水雷脱锚,借助自动装置,迅速接近目标,将其炸毁。

建造潜海导弹快艇设想由来已久,在20世纪60年代的设想中,它的内部布置有压载水仓,装满水可像潜艇一样在水下航行。它的底部装备有水翼,在水面航行时,利用水翼产生的水动力,使艇体抬出水面,能在水面高速航行。有一种潜海导弹快艇设计,其设计排水量440吨,水面最大航速38节,潜水深度70米,能在水下潜伏2昼夜。艇上装备有4枚反舰导弹。由于多种原因,该种潜海导弹快艇没有被建造。自从西方国家竞相发展"濒海战斗舰"时,俄罗斯海军科研制人员又重新考虑用这种潜海导弹快艇对付"濒海战斗舰"。潜海导弹快艇能潜水,能长时间在水下活动。当发现敌方"濒海战斗舰"闯入我方沿海海域,即可用反舰导弹进行攻击,攻击后又可迅速转移,可成为又一个"濒海战斗舰"的克星。

　　俄罗斯的气垫船也可以成为西方"濒海战斗舰"的有力对手。俄罗斯称之为1239型海狮导弹攻击舰,是一型气垫护卫舰,它是一种侧壁式气垫船,船体两侧装有刚性壁子,前后有柔性封闭装置,利用舰上垫升系统产生气垫。该型气垫护卫舰舰长65.6米,吃水3.05米,满载排水量1 050吨,航速53节。舰上装有1座双联装舰空导弹发射装置,备弹20枚;2座四联装反舰导弹发射装置,还装有1座76毫米口径舰炮、2座防空炮。舰上装有电子干扰装置和4座干扰火箭发射器。利用这些舰载武器可以在濒海水域,有效地应对敌方的"濒海战斗舰"。

1239型海狮级气垫护卫舰

蓝天格斗士

1991年1月17日，海湾战争爆发了。海湾战争第一天，美军的F-15战斗机首开纪录，击落了伊拉克的一架"幻影"战斗机，拉开了海湾战争空战序幕。1月18日，美军的两架F-15战斗机在空中巡逻时与一架伊军的"米格-29"战斗机相遇，双方展开近距离格斗，F-15战斗机发射了导弹。在震耳欲聋的爆炸声中，"米格-29"战斗机化成一团烟云消失在空气中。

战斗机又称歼击机，它是空中战场攻击手，也是空中轻骑兵，蓝天格斗士，在空战中发挥重要作用。蓝天，是战斗机搏杀的战场，也是蓝天格斗士激烈争夺的表演舞台。一批批蓝天格斗士在空中战场搏杀，一代代战斗机在空中舞台表演，竞相争当空战舞台的"空中擂主"。

"福克灾难"蔓延欧洲战场

自从飞机诞生后，英、法、德等国家急于要把飞机应用于战争中，让飞机携带机枪进行射击。

1914年10月5日，法国的一架军用飞机在空中巡逻，发现一架德军侦察机在进行军事侦察。法国飞行员用机枪将这架德军侦察机击落。这是战争史上第一次真正的空战，也是空战史上第一次空中击落飞机的战斗。

法国飞行员大受鼓舞，都想在空中击落敌机，建立战功。"一战"初期的空中战斗，都是飞行员携带手枪、步枪、机枪进行空中射击。这种空中射击难于瞄准，命中率也低。这样，"一战"初期的空中战斗成了一场混战，地面上的士兵好奇地仰望天空，观看空中混战。

1915年初,法国飞机制造家在L型单翼机上新装一种可以沿着飞机中轴线向前射击的机枪,使飞机成为能进行空中射击的战斗机。1915年4月1日,法国飞行员加罗斯驾驶一架L型单翼机,进行空中巡逻,遇到了一架德国"信天翁"观察机。加罗斯果断射击,机枪发射的子弹命中目标,"信天翁"观察机上的飞行员被击毙,"信天翁"起火坠落。世界上第一架战斗机的首次空战,以胜利者姿态结束战斗。

在之后的两周内,飞行员加罗斯驾驶那架改装成的战斗机又击落4架敌机。在16天时间内,加罗斯共击落5架敌机,成为当时世界上的王牌飞行员。战斗机就这样登上战争舞台。

法国飞行员在16天时间内共击落5架德国飞机,在德军中引起恐慌。1915年4月19日,加罗斯驾驶的那架改装战斗机因发动机故障,被迫降落在德军阵地上,连人带机被俘。经过研究,德国人发现加罗斯驾驶的战斗机上装有并不复杂的射击机构。

"一战"中的"福克"战斗机

德国福克公司经过研究,制造了一种新式的机枪自动协调器,解决了机枪子弹击中空气螺旋桨叶片的问题。福克公司把机枪自动协调器安装在"福克EI"飞机上,使得飞机飞行时,可以快速地对空中目标进行精确瞄准和射击,进行空中战斗。这样,"福克EI"飞机成为世界上第一种真正意义上的战斗机。

1915年夏天,德国"福克EI"战斗机出现在欧洲战场西部战线上空。那年的7月1日,一架"福克EI"战斗机成功地击落一架法国L型单翼机。其后,"福克EI"战斗机又接连取得空战胜利,协约国飞机接连被其击落,给协约国带来严重损失。欧洲的天空被德国"福克EI"战斗机所控制,英国、法国飞行员惊呼欧洲出现令人恐怖的"福克灾难"。

德军为提高空战效果,不仅装备了先进战斗机,还采用灵活的战术,组建了世界上最早的战斗机部队——狩猎中队。一个狩猎中队有若干狩猎小队,一个狩猎小队有若干架"福克E"系列战斗机,它们编队活动,灵活作战。

1915年秋到1916年初,"福克灾难"像瘟疫一样在欧洲战场西部战线上空蔓延,德军完全掌握了战场制空权。

肉搏战中的"骆驼"

面对德国战斗机引发的"福克灾难",英、法等国加紧新型战斗机的研制、生产。1917年春,英国研制成一种新型战斗机"索普威斯",它是一种双翼机,机长5.72米,翼展8.53米,机上装有2挺机枪。由于机枪上方的罩子凸起,如同骆驼的驼峰,故这种战斗机又称"骆驼"战斗机。由于它具有良好的机动性,适合于近距离空中格斗,是空中肉搏战中的勇士。

"骆驼"战斗机在1917—1918年空中肉搏战中,曾击落敌机1 294架,创造了"一战"中战斗机战果的最好成绩,令人刮目相看。"骆驼"战斗机及协约国的其他新型战斗机的参战,使得德国战斗机遇到克星。在"一战"后期的空中战场上,常常可以看到"骆驼"战斗机与德国战斗机进行"肉搏战"。

英国"骆驼"战斗机的诞生与参战,造就了一批优秀的王牌飞行员。在英国皇家飞行队中,击落敌机最多的是飞行员是曼诺克少校。曼诺克于1916年参加英国皇家飞行队,他在1917年,驾驶"骆驼"战斗机参加空中战斗,一个月后首开纪录,击落一架德国战斗机。在其以后的空战中,共击落敌机73架,成为当时英国皇家飞行队中击落敌机数量最多的英军王牌飞行员。

1918年7月26日,曼诺克少校驾驶着"骆驼"战斗机与德军战斗机交战,不幸,机上的油箱被地面机枪击中,油箱起火,曼诺克少校被活活烧死。

"骆驼"战斗机最成功的战例是在1918年4月21日,击落德国"福克"战斗机。那天,英国皇家飞行队中飞行员布朗恩驾驶的"骆驼"战斗机与德国王牌飞行员里希特霍芬驾驶的"福克"战斗机相遇。由于里希特霍芬驾驶的战机被漆上深红色,十分醒目,德军称它为"红色男爵"。它是一架三翼机,飞行时机动灵活,到1976年6月,里希特霍芬驾驶的"红色男爵"战斗机共击落协约国战斗机80架,创造了"一战"中个人击落敌机数量最多的纪录,成为德军王牌飞行员。当"红色男爵"

英国"骆驼"战斗机

战斗机与英国的"骆驼"式战斗机相遇,"红色男爵"的战斗性能不敌"骆驼"战斗机,经过一场激烈空战,布朗恩驾驶的"骆驼"战斗机击落了"红色男爵"。德国王牌飞行员里希特霍芬命归西天。

"二战"中的著名战斗机

战斗机是在"一战"中问世的,大多是双翼木质结构,装有机枪。在"二战"中,战斗机有了较大发展,战斗性能有了大幅提高,机上装有机炮,并能携带炸弹。战斗机在"二战"中得到广泛应用。涌现了许多著名战斗机,它们在"二战"中有了出色表现。

英国在"二战"中大量生产、使用的战斗机是"喷火"战斗机,它是一种单座、单翼活塞式战斗机,它采用流线型外形,机身细长,座舱布置于机身中部,机长9.3米,翼展11.23米,机上装有8挺机枪。在改进型"喷火"战斗机上,装有2门机炮、4挺机枪。它具有速度高、机动性好、火力强等特点,是"二战"时期英国主力战斗机,参加过许多重要战役,在"不列颠之战"表现出色。在不列颠空战最高潮的一天,击落德机185架。由于"喷火"战斗机表现出色,曾获得"英国救星"之美称,成为"二战"名机。

美国的P-38"闪电"战斗机是1937年研制成的单座战斗机,机长11.6米,机高3米,翼展15.9米,起飞质量6.97吨,机上装有4挺机枪、1门机炮。

1943年4月18日,美军16架"闪电"战斗机在所罗门群岛的美军机场起飞,领受了截击日本联合舰队司令官山本五十六的任务。16架"闪电"战斗机抵达预定的迎击地点,发现了日军机队。美军的掩护分队战斗机爬上6 000米高空诱使日军战斗机离开山本五十六的座机,担任主攻任务的4架P-38"闪电"战斗机,攻击了山本座机。山本座机中弹起火,化成火球,坠入密林。P-38"闪电"战斗机消灭了日本法西斯中的一个恶魔——山本五十六,因此成了"二战"明星战机。

美国P-38"闪电"战斗机

苏联的"雅克"战斗机被誉为"俄罗斯神鹰",其中著名的有"雅克-1""雅克-3"等。"雅克-1"战斗机机长8.45米,翼展9.85米,起飞质量2.9吨,机上装有2挺机枪、1门机炮。该机结构轻巧、机动灵活,是苏联空军的主力战斗机之一,它是1943年4—6月库班大空战的主角,曾作出突出贡献,使苏军夺回了制空权。"雅克"战斗机在苏联卫国战争中建立的不朽功勋永载史册。

"二战"期间,德国空军主力战斗机是Me-109,它也是一种单座、单翼活塞式战斗机,机长8.84米,翼展9.95米,起飞质量3.38吨,机上装有2挺机枪、1门机炮。它被广泛装备德国空军部队,为德军轰炸机队护航,进行空中突击,实施闪电战。在整个"二战"期间德军发动的重大空中战役中均可看见Me-109战斗机的身影,由此被称为"德意志之鹰"。

"二战"期间的亚洲及太平洋战场上,到处可看到日本"零"式战斗机,它是一种轻型战斗机,机身短粗,中部安置封闭式座舱,它有多种型号。"零"式战斗机曾随日军航空母舰出征,奇袭珍珠港,使它名扬世界,但也随着日本法西斯的覆灭而退出战斗舞台。

抗日空战明星

抗日战争中,在中国的空中战场上,也涌现了许多明星战斗机,它们为抗日战争的胜利作出了贡献。

抗日战争中,中国空军的第一次空战发生于1937年8月14日。那天,中国空军第四大队接到命令,要该大队从河南向杭州转移。该大队装备的是美制"霍克3"型战斗机,机长7.14米,机高3.04米,翼展9.6米,机上装有2挺机枪,还可携带炸弹。该型战斗机是抗战初期中国空军的主力战斗机。

第四大队下辖3个中队,分别为第21、22、23中队。当第21中队的9架战斗机刚在杭州笕桥降落,就接到日军战机来袭警报。高志航大队长命令一半飞机起飞迎敌,他驾着飞机首先起飞,随后,第21中队的5架战斗机也起飞迎敌。前来空袭的是一支日军轰炸机队。高志航发现了一架日军96型轰炸机,他占领有利位置首先开火,2道火舌打中敌机油箱,这架日军轰炸机成了个火球,坠落地面。高志航驾驶的"霍克

高志航驾驶"霍克3"型战斗机迎战（陈应明画）

3"型战斗机首开"8·14"空战纪录。接着,第21中队战斗机也击落了一架日军轰炸机,击伤数架。

此时,第22、23中队的"霍克3"型战斗机也陆续赶到了笕桥机场,投入了搜索、追歼日军战机的战斗。"8·14"空战历时30分钟,中国空军以6∶0战绩结束战斗。"8·14"空战胜利,大长了中国人民抗日志气。

1938年春天,中国空军和苏联志愿航空队的战机在武汉上空与日军战机进行了3次空中大战。参加武汉空中保卫战的中国空军和苏联志愿航空队的战机是"伊-15"、"伊-16"战斗机。其中"伊-16"战斗机机身粗短,座舱布置于机身中部,机长6米,机高2.56米,翼展9米,机上装有2挺机枪、2门机炮,还可携带炸弹。

1938年2月18日,由38架日军战斗机、轰炸机组成的机群飞到武汉地区上空。中国空军的战斗机飞上蓝天迎敌,经过12分钟空中激战,中国空军共击落12架敌机,自己损失了4架。4月29日,日军36架重型轰炸机,在12架战斗机掩护下扑向武汉,中国空军的19架战斗机升空迎敌。"伊-16"战斗机在武汉市区上空攻击日军重型轰炸机,"伊-15"战斗机在武汉外围与日军战斗机纠缠,诱使日军战斗机离开轰炸机,便于"伊-16"战斗机围歼日军重型轰炸机。经过30分钟激战,中国空军共击落21架敌机。这是自抗战以来中国空军取得的最为辉煌的战绩。5月31日,日军战机又来偷袭武汉,中国空军与苏联志愿航空队并肩作战,空战持续30分钟,击落日军战机14架。

苏制"伊-15"、"伊-16"战斗机在武汉上空进行3次空中大战,共击落47架日军战机,为中国抗日战争和中国空战史谱写了一曲胜利的凯歌。

喷气式战斗机的空中格斗

早期战斗机采用活塞式发动机,用空气螺旋桨推进,速度慢,机动性差。"二战"中，英、美、德等国曾先后试验喷气发动机作为战斗机动力，出现了喷气式战斗机。

英国最早研制成喷气发动机，并研制成功"流星"喷气式战斗机，机上装有2台涡轮喷气发动机。喷气式战斗机首次战斗发生于1944年8月4日。那天，德军动用秘密武器V-1飞航式导弹对英国伦敦进行空袭，"流星"战斗机奉命进行拦截，一架"流星"战斗机因机炮故障，用"空中撞击"法使飞航式导弹弹翼失去平衡而坠落。在1944年8月这一个月中，"流星"战斗机共击落13枚V-1导弹，有效地遏制了德军的导弹袭击。

美国从英国引进喷气发动机，研制成F-80喷气式战斗机，于1945年2月装备美军。F-80战斗机装备美军后，"二战"结束了，它未能得到表现。朝鲜战争中，F-80喷气式战斗机得到应用，由于它的战斗性能不如苏制米格机，美国便把新研制的F-84、F-86喷气战斗机派往朝鲜。朝鲜战场成了美军新型喷气式战斗机试验场。

在朝鲜战场上，中国人民志愿军空军利用新装备的"米格-15"战斗机与美军战机进行空中绞杀。"米格-15"是苏制喷气式战斗机，该机长10.1米，机高3.7米，翼展10.08米，机上装有1台涡轮喷气发动机，机

朝鲜战场上的"米格-15"战斗机

上装有3门机炮。可携带炸弹。志愿军飞行员利用它具有爬升快、升得高、加速性能好的优势,在空战舞台上演出一幕幕精彩的空中绞杀战,使美国空军大惊失色。

在越南战争中,美国空军占绝对优势。最早投入越战的美军战斗机是F-100,它是一种超声速战斗机。该种战斗机装有4门机炮,还可携载炸弹、空空导弹。由于F-100战斗机不能全天候作战,在越战中表现不理想。美军在越战中的主力战斗机是F-4"鬼怪"战斗机,它是一种双座、双发动机全天候战斗机,机上装有1门6管机炮,可携带6枚空空导弹。

1965年7月10日,美军4架"鬼怪"战斗机组成的机队与越军"米格"机相遇,进行了历时4分钟空战。2架"鬼怪"战斗机各击落一架。这是越战中美国空军首次击落越南空军的"米格"战斗机。越战期间,美军的F-4战斗机被改装成反雷达飞机,携带反辐射导弹,对越军地面雷达站进行硬杀伤,从而压制了越军的地空导弹。

越南空军实力不如美军,装备的战斗机有苏制"米格-17"、"米格-19"、"米格-21"。越军利用"米格-17"喷气式战斗机,进行空中游击战,与美军战机进行空中较量。越南空军的"米格-17"与美军战机进行了多次空中较量,取得不俗战绩。"米格-19"在越战中以奇袭制胜闻名,曾击落过美军的F-4"鬼怪"战斗机。在越战期间,越南空军的苏制"米格"机共击落美军战机92架,给美国空军以沉重打击。

海湾战争中,美国和多国部队的战斗机竞相登台表现。1991年1月17日,海湾战争第一天,美军的F-15"鹰"战斗机首开纪录,击落了伊军的一架"幻影"战斗机,拉开了空战序幕。F-15战斗机是一种重型制空战斗机,是美国空军的主力制空战斗机,用于夺取制空权。F-15战斗机是世界一流的制空战斗机,在历次空战中表现出色,被称为"空中剑客",取得不少骄人的战绩。

1982年6月9日,以色列空军的美制F-15"鹰"战斗机参与对叙利

美国F-15C战斗机

亚防空部队导弹基地的袭击,在黎巴嫩贝卡谷地上空,与叙利亚空军的苏制"米格"战斗机相遇,发生了一场激烈的空战,F-15战斗机击落不少"米格"战斗机。

海湾战争期间,美国空军执行空战任务的主要战斗机便是F-15C战斗机,共击落伊军战机33架,占被击落伊军战机总数的87%,"空中剑客"名不虚传。

角逐空战舞台的"擂主"

喷气式战斗机自问世后,一直在追求高速度和优良的战斗性能,新的第三代战斗机、第四代战斗机、第五代战斗机,不断问世。

第三代战斗机的代表是美国的F-15战斗机,其后,美国又研制了F-16战斗机。它是一种轻型战斗机,机身和机翼融合一起,最大速度2倍声速,实用升限17 200米,机上装有一门机炮,有9个外挂点,可挂载空空导弹、空地导弹和各种炸弹。海湾战争中,多国部队装备的250架F-16战斗机参加战斗,在"沙漠风暴"军事行动中大显身手。

在第三代战斗机的行列中,有俄罗斯"米格-29"战斗机、"苏-27"战斗机,法国的"幻影2000"战斗机及英、德、意等国合作研制的"狂风"战斗机。

"米格-29"战斗机是苏联为了与美国第三代战斗机相抗衡而研制的制空战斗机,也采用翼身融合体设计,最大速度2.3倍声速,可挂载空空导弹,也可挂载各种炸弹,最大载弹量3.6吨。"苏-27"战斗机是苏联空军的主力战斗机,具有速度高、机动性好、航程远、火力强等特点,主要用于防空,拦截来袭的战机、巡航导弹。"苏-27"系列战斗机已成为俄罗斯的王牌战斗机,不仅装备俄罗斯航空兵部队,还出口海外,走向世界。

"狂风"战斗机是英、德、意等国合作研制的一种多用途战斗机。海湾战争中,多国部队共部署100多架"狂风"战斗机,共出动2 400架次,击毁、破坏伊拉克大型机场35个,小型机场60个。"狂风"战斗机之所以能击毁、破坏如此多的机场,是因为"狂风"战斗机上挂载有秘密武器——反跑道子母弹,专门用于攻击机场跑道。

在第三代战斗机基础上,又诞生了第四代战斗机,有法国的"阵风"战斗机,欧洲四国合作研制的EF-2000战斗机、美国的F-22战斗机,它们具有良好的飞行性能和隐蔽性,竞相争夺未来空战舞台的"空中霸主"。

第五代战斗机是目前世界现役机种中最先进的一代战斗机。第五代战斗机的特点就是全面运用低空侦测性技术,并具备高机动性、先进航电系统、高度集成计算机网络,具备优异的战场态势感知能力。目前已经开始服役的第五代战斗机,仅有美国生产的F-22"猛禽"战斗机和F-35"闪电"攻击战斗机。

美国F-22"猛禽"战斗机

蓝天是战斗机搏杀的战场,也是激烈争夺的表演舞台。第五代战斗机还在台上表演,第六代战斗机要登场了。第六代战斗机通常指人工智能控制的战斗机。目前各国正在研发之中。与五代机相比，六代机通过全翼身融合和大升阻比设计，使飞机在各种高度、各种姿态下的隐身性和机动性都得到了很好的兼顾。如果说五代机是基于信息系统，那么六代机就是基于物联网。实现了真正意义上的陆、海、空、天、电、网一体化，实现了基于物联网的互联互通互操作。

中国的新一代战斗机

在新一代战斗机发展历程中，也有中国战斗机的身影。

中国战斗机的发展是从"歼-5"起步的，它仿自苏联"米格-17"战斗机，它的成功标志中国进入了当时少数几个能自己制造喷气式飞机的国家之一。中国飞行员驾驶"歼-5"，捍卫了祖国的神圣领空。

随之出现了我国第二代战机"歼-6"，它仿自苏联"米格-19"战斗机，它的研制成功标志着我国进入了超声速时代。

中国的第三代战斗机"歼-7"是在极为困难的"文革"时期研制的，它以"米格-21"为蓝本。通过"歼-7"战斗机的研制，中国科技人员掌握了战斗机的研制本领。那时，美国的"U-2"、"火蜂"高空侦察机，其飞行高度是1.76万米，美军中有人曾狂妄地说中国没有战斗机能击落它，因为中国的"歼-6"四次出击，都没能成功。"歼-7"的研制成功，多次用火箭弹击落敌机。1966年，又是"歼-7"战斗机在高空用机炮击落无人驾驶高空侦察机，打破了美机不败神话，使得美机再也不敢来侦察。"歼-7"也远销海外，在两伊战争中出现它的身影，在叙以冲突中也有它的表现。直到今日，在外军的在役飞机中还能看到它的身影。

中国第四代战斗机"歼-8"是一种高空高速战斗机。该机于1969年7月5日就首飞成功，但是遭到"文革"强烈冲击，在"文革"结束3年后才定型。虽然当时的"歼-8"和外军装备的战斗机有较大距离，但在中国航空史有举足轻重的地位，标志中国进入了独立研制战斗机的阶段。

随着几次中东战争及英阿马岛战争的发生，当时世界上出现片面追求高空高速的战斗机的趋势，如"米格-21"、"米格-23"、"米格-25"、"幻影3"等，但其机动性能往往不如F-15、F-16。连"歼-7"的改进型在其总体作战性能上与"歼-8"无异，在机动性能上甚至有过之而无不及。

中国空军强烈要求改进"歼-8"，新"歼-8"采用机身两侧进气，2个涡扇发动机，更换新式雷达，瞄准系统加装拦射火控计算机，加装中程雷达制导导弹和空地火箭等等一系列的先进改装。使新"歼-8"飞机具有了全天候拦截攻击和对地攻击能力。并正式命名为"歼-8Ⅱ"。

在中国战斗机的发展历程中，曾经进行了"歼-9"战斗机研制，它是一种全天候高空高速要地防空截击机，主要以苏制图-22M"逆火"和美B-1B超声速轰炸机为主要作战对象，主要任务为国土防空，以轰炸机为主要目标进行截击。因当时中国技术落后，耗资巨大及工程量大而被迫停止，没有进行建造，只停留在纸面设计上。

航展上的中国"歼-10"战斗机

中国新一代战斗机代表是"歼-10",它的研制成功,标志中国进入了世界上能够完全自主制造战斗机的国家之一。"歼-10"从1986年就开始研制了,花了20年才"磨"出来。它在国际上被定位成了三代半战斗机,在火控系统与武器方面,除了装备机炮外,还装备空空武器包括霹雳-8、霹雳-11等导弹,有媒体报道,它在不久的将来,可使用包括激光导引炸弹在内的多种精确制导武器。

"歼-10"战斗机有着较"歼-7"、"歼-8"更优良的作战性能,成为中国空军和海军航空兵进入21世纪的主要装备,也成为中国航空工业的里程碑。它可以和空军的其他型战斗机及防空导弹系统高低搭配,构成大密度、大纵深、高中低空互为重叠的立体防空网,满足21世纪空战要求,为国防作出重大贡献。

2011年1月11日,"歼-20"进行了首次试飞,这是中国研制的第四代战斗机,是一种双发重型隐形战斗机。有媒体发表文章预测"歼-20"将在2017年到2019年间投入使用。中国的"歼-31",是一种正在研制中的双发单座中型第四代战斗机,于2012年10月31日完成首次飞行测试,它采用常规气动布局,其外观具有典型的隐形战机特征,有望衍生出下一代舰载机。

空中飞行堡垒

2003年3月,伊拉克战争打响了,美军的B-1B轰炸机参加了对伊拉克的首轮空袭,又参与美军发起的"震慑"行动,对巴格达的重点军事目标进行"外科手术"式打击。

美军的B-2轰炸机也从美国本土起飞,经过远距离长途飞行,参加了对巴格达的首轮空袭。其后,美军的B-52H轰炸机参与美军发起的"斩首行动",对巴格达投掷集束炸弹和精确制导炸弹。美军轰炸机的猛烈轰炸和攻击,沉重地打击了伊拉克军队,加速了萨达姆政权的倒台。

轰炸机是可对地面、水面目标实施轰炸、攻击的军用飞机,其主要武器是炸弹、导弹,也可携带鱼雷、水雷和深水炸弹。轰炸机具有航程远、突击力强等特点,是空军实施空中突击的主要机种,它在两次世界大战及战后的局部战争中发挥了重要作用,并影响了现代战争的进程。

第一架重型轰炸机

世界上第一架重型轰炸机是俄国制造的"伊里亚·穆罗梅茨",它是一种巨型双翼机,长22米,翼展34.5米,起飞质量7.5吨,机身内挂载炸弹,载弹量400千克,超载时可达到800千克,机上还安装机炮、机枪。

俄国陆军建造了4架"伊里亚·穆罗梅茨"重型轰炸机,"一战"爆发后,俄国批量生产了该型轰炸机,还组建了专门的"飞船大队",执行轰炸突击任务。1915年2月15日,"飞船大队"的一架"伊里亚·穆罗梅茨"轰炸机飞入德国境内,对德国本土进行投弹轰炸,拉开了轰炸机参战的序幕。

从1915年2月俄国的"飞船大队"的首次突击开始,到1917年10

月俄国因十月革命退出"一战"为止,"飞船大队"的轰炸机共实施422次空中突击,投掷炸弹2 000余枚,还多次到敌后进行纵深轰炸,创造了轰炸机纵深轰炸敌后目标先例。在苏联国内革命战争期间,该型轰炸机用来对付白匪军,为苏维埃立过战功。它对苏联及世界军用飞机的发展,产生重要影响。

英国也是最早研制、发展轰炸机的国家之一。"一战"开始时,英国为了消灭德国的飞艇库,决定建造专用轰炸机。英国的第一种轰炸机是"汉德利·佩奇"O/100,它是一种木结构双翼机,该机长19.5米,机高6.71米,翼展30.48米,起飞质量6.36吨,机上装有2台涡轮喷气发动机,可携带炸弹813千克,还装有4挺机枪。1917年10月,英军用该型轰炸机组建了轰炸机联队,专门执行远程轰炸任务,轰炸德国的兵工厂和重要城市。

其后,英国又研制、建造了"汉德利·佩奇"O/400轰炸机,它的战斗性能有了进一步提高。1918年6月,英国成立战略空军,其主要装备便是O/400轰炸机。在"一战"结束前的几个月时间内,"汉德利·佩

英国"汉德利·佩奇"轰炸机

奇"O/400轰炸机先后空袭了德国的交通枢纽、重要城市和军火库,使德国遭受重大损失,为协约国取得"一战"胜利作出了贡献。

"一战"中真正大量使用的轰炸机便是英国的"汉德利·佩奇"轰炸机,它的参战,扩大了军用飞机在战争中的使用范围,也促使轰炸机的发展。

"空中暴徒"逞淫威

"二战"期间,轰炸机得到了发展,并大量应用。德国和日本法西斯将轰炸机作为杀人工具,是空中施暴机器。

"二战"初期,德军用"闪电战"向前推进。在德军"闪电战"中,德国秘密研制的"容克-87"轰炸机大打出手,它自始至终为德军装甲部队提供火力支援,保证地面部队快速向前推进。

"容克-87"轰炸机是一种俯冲轰炸机,又称强击机。它有多种型号,其中D型机全长11.1米,翼展13.8米,起飞质量6.5吨,机腹部挂载炸弹,载弹量900千克,机上还安装4挺机枪。该型机是德国空军的

德国"容克-87"轰炸机

主要突击力量，主要用于对地攻击，为德军装甲部队提供航空火力支援，发挥"空中炮兵"作用。

1939年9月1日，德军向波兰发动的闪电进攻中，有9个"容克-87"轰炸机大队参加了闪电战，摧毁了波兰军队的防线，不到一个月时间，侵吞了整个波兰。在德、法交战中，德军装甲部队在"容克-87"轰炸机的支援下，突破了著名的"马其诺防线"，在法国原野上长驱直入。在苏、德战争期间，德军掌握了制空权，"容克-87"轰炸机专门用于攻击苏军队坦克，使苏军蒙受重大损失。

"二战"期间，德军的"亨克尔"轰炸机是有名的"空中暴徒"，它有多种机型，在其标准型机上，可携载2 000千克炸弹，并装有3挺机枪。该型轰炸机航程远、载弹量、自卫能力强，是德空军的主力轰炸机，用来实施战略轰炸。"亨克尔"轰炸机像一个疯狂的空中暴徒，滥杀无辜，对欧洲国家人民犯下滔天罪行。1940年11月14日夜晚，数百架"亨克尔"轰炸机中队飞抵英国工业城市考文垂，投下数百吨炸弹，使考文垂市中心成了一片火海，伤亡1 400多人。

在侵华战争期间，日本的G3M轰炸机是臭名昭著的杀人机器。它是一种单翼双发动机轰炸机，机身细长，有2种型号，其中2型机全长16.45米，翼展25米，起飞质量8吨，可挂载800千克炸弹，也可携载鱼雷，机上还安装1门机炮、4挺机枪。该型机装备日本海军航空队，是侵华战争的急先锋，参与了对中国沿海及内陆城市的空袭、轰炸，投下大批炸弹，滥杀无辜。在太平洋战争中，日军的G3M轰炸机也大打出手，它在日军陆上攻击机的配合下，用鱼雷、炸弹击沉了两艘英国战列舰，全歼英国远东舰队，给英国海军极大震动。

盟军轰炸机大显身手

"二战"中，同盟国的轰炸机也大显身手，出现了不少明星轰炸机，

为盟军取得"二战"的胜利作出了贡献。

为对付德国潜艇的"狼群战术",英国空军的"兰开斯特"轰炸机参加了偷袭德国潜艇发动机生产基地奥格斯堡战斗。"兰开斯特"是一种重型远程轰炸机,是"二战"期间英国空军的主力轰炸机。由于该型轰炸机航程远、载弹量多、战斗威力大、自卫能力强,所以,被选定来执行远程奔袭任务。

1942年4月17日,12架"兰开斯特"轰炸机从各自基地起飞,组成2个轰炸机编队,从低空飞越英吉利海峡,飞抵奥格斯堡上空。由于德军战斗机的拦截和地面高炮射击,英军损伤不少。余下的轰炸机找到目标,投扔了炸弹,但没有达到预期效果。尽管这样,"兰开斯特"轰炸机创造了中低空突防航程最长纪录。

抗日战争爆发后,为表明中国人民抗战到底的决心,中国空军决定对日本本土进行轰炸。经过筛选,选中2架"马丁"B-10B轰炸机。该种机型由美国制造,机长13.62米,翼展21.5米,起飞质量7.04吨,可携带1 800千克炸弹,还装有3挺机枪。由于2架轰炸机携带的炸弹量不多,远涉重洋去投弹轰炸,没有多大效果。于是,有人提议携带"纸弹",去日本撒传单,可起到宣传作用和对日本法西斯的警告作用。为了使飞机能远航,对2架"马丁"B-10B轰炸机进行了改装,还对飞行员进行了专门训练。

1938年5月19日,中国空军下达了出击命令。当日下午3时,2架"马丁"B-10B轰炸机从汉口机场起飞,到达宁波机场后,进行加油和装上"纸弹"。当日深夜,从宁波机场起飞后,关灯夜航。5月20日凌晨,2架中国空军"马丁"B-10B轰炸机飞抵日本九州,投下一捆捆传单,完成了"纸弹"轰炸任务。这些传单在九州本岛上空出现,引起日本法西斯的惊慌和恐惧,发挥了"纸弹"的作用。

美军为了洗刷珍珠港事件的奇耻大辱,决定要对日本发动一次大规模空袭,目标是东京。杜立特中校奉命对B-25轰炸机进行了改造,

B-25轰炸机空袭东京

使得这种轻型轰炸机增加了航程,并能在航空母舰上起降。1942年4月2日,美军航母"大黄蜂"号载着16架B-25轰炸机,驶入太平洋。4月18日,"大黄蜂"号航母发出了轰炸机出击命令。杜立特中校率领的16架B-25轰炸机向东京方向飞去,经过3个多小时飞行,成功躲避了日军的雷达网和高射炮群。B-25轰炸机抵达东京上空,只用了30秒时间,它们携带的炸弹全部投向目标。来自"大黄蜂"号的空中杀手完成了任务,B-25轰炸机成了明星。

除此之外,美国的B-17、B-24、B-29,英国的"蚊",苏联的"伊尔-4"、"佩-2"、"佩-8"等型号轰炸机,在"二战"期间均有不俗表现。

"超级飞行堡垒"

空战史上,人员伤亡最多的一次空袭发生于1945年3月9日,美军轰炸机在东京上空投下2 000多吨燃烧弹,东京成了一片火海,损失巨大。空袭东京的是美军B-29轰炸机。

B-29轰炸机是美国的一种重型远程轰炸机,它具有航程远、速度快、载弹量大、自卫能力强等优点,故被称为"超级飞行堡垒",用来执行远程战略轰炸任务。机上主要武器是航空炸弹,载弹量900千克,也可携载原子弹。B-29轰炸机是在1943年开始装备美军,转战于远东战场。

1944年夏天,美军B-29轰炸机从印度和中国的基地起飞,对日本城市进行第一阶段战略轰炸。1944年10月,美军B-29轰炸机从马里亚纳群岛的基地起飞,对日本大城市和工业基地进行第二阶段战略轰炸。由于这两次战略轰炸效果不大,1945年3月9日,美军派出334架B-29轰炸机,午夜,机群飞到了东京上空,燃烧弹像天女散花一样降落,3个多小时空袭,41平方千米城区成为一片焦土,8.4万人被烧死,100万人无家可归。

1945年3月13日,又有300多架美军B-29轰炸机在日本大阪投下1 700多吨燃烧弹;3月16日,B-29轰炸机又在日本神户投下1 700多吨燃烧弹,使神户成为一座火城。短短10天,美军出动B-29轰炸机1 600架次,共投下燃烧弹一万多吨,"超级飞行堡垒"大显威风。

B-29轰炸机还创造了战争史上第一次将核武器用于战争的纪录。1945年8月6日,一架美军B-29轰炸机携载原子弹,在另外二架轰炸机相陪下,在日本广岛上空,投下第一枚原子弹"小男孩",即刻,广岛成为一片废墟,死伤10多万人。8月19日,又一架美军B-29轰炸机,飞抵日本长崎,投下第二枚原子弹"胖子",几万人丧生,上万幢建筑物被毁。B-29轰炸机投下的二枚原子弹,给日本人民带来深重灾难。

携载原子弹的美军B-29轰炸机

"同温层堡垒"

"二战"结束后,美国为扮演"世界警察"角色,开始研制远程战略轰炸机。1952年4月,美国B-52轰炸机研制成功,1955年6月开始装备美国空军部队。

B-52是一种远程战略轰炸机,它有多种型号,型号不同,装备、性能也不同,以B-52H为例,机长49.05米,翼展56.4米,起飞质量233吨,实用升限16 770米,可携载20枚短距攻击导弹和20枚巡航导弹,也可携载炸弹,还装有6门机炮。由于它飞得高、航程远、载弹量大,故有"同温层堡垒"之称。

B-52轰炸机由于不断被改进,因而成为飞越时空的战略轰炸机。在长达8年之久的越南战争中,B-52轰炸机是美国空军的主力。1965年6月,第一批27架B-52轰炸机从关岛基地出发,长途跋涉到越南战场进行第一次战略轰炸。其后,每月出动300架次,1967年每月出动800架次,到1968年2月达到每月出动1 200架次。美国的B-52轰炸机对越南、老挝、柬埔寨进行狂轰滥炸,使得著名的"胡志明小道"也一度受阻,交通中断。

海湾战争中,B-52轰炸机是空袭急先锋。1991年1月16日,美军发动"沙漠风暴"军事行动,美国7架B-52H轰炸机携载巡航导弹,飞抵海湾地区上空,于1月17

美国B-52轰炸机

日凌晨,对伊拉克进行导弹攻击,机上的巡航导弹精确命中目标。在"沙漠之狐"军事行动中,美国17架B-52H轰炸机从印度洋基地出发,飞抵海湾地区上空,对伊拉克境内军事目标,多次进行攻击与轰炸。

2003年3月伊拉克战争打响后,B-52H轰炸机对伊拉克军队的阵地进行猛烈轰炸,还参与了"斩首行动",对伊拉克首都巴格达投掷集束炸弹和精确制导炸弹,加速了战争进程。具有50多年历史的"同温层堡垒"——B-52轰炸机至今依然是空战舞台明星,仍活跃在空战舞台上。

隐形"黑蝙蝠"

伊拉克战争中,美国的隐形轰炸机大显身手。

美国的B-1B轰炸机是一种具有隐形功能的轰炸机,它具有隐形的外形,并采用翼身融合体结构,使机翼与机身成为一个整体,雷达反射截面积只有B-52轰炸机的百分之一,是一种半隐形轰炸机。该机主要任务是用于战略突防轰炸及常规轰炸,也可在敌方火力射程外,发射巡航导弹,进行"外科手术"式打击。

在2003年3月爆发的伊拉克战争中,B-1B轰炸机参加了对伊拉

美国B-2轰炸机

克的首轮空袭。其后，它又参与了美军发动的"震慑"行动，对伊拉克首都巴格达重点军事目标进行轰炸。

美国空军还装备一种先进的隐形轰炸机，便是B-2轰炸机。它是在B-52轰炸机基础上发展起来的实施战略突破的轰炸机，具有隐形功能。该机机长21.03米，翼展52.43米，起飞质量181.43吨，实用升限15 000米，可携载16枚远距攻击导弹，或16枚巡航导弹，也可携载精确制导炸弹。

在B-2轰炸机机身下表面涂有黑漆，在空中呈黑色，故有"黑蝙蝠"之称。该型轰炸机采用了多种隐形技术，它具有对雷达隐形功能和对红外隐形功能，使得敌方的雷达和红外探测器材难于发现。还由于它的机身上表面涂蓝灰色漆，机身下表面涂有黑漆，使得目力和光学观察器材也发现不了。

在伊拉克战争中，美军的B-2轰炸机从美国本土起飞，经过38小时的长途飞行，参加了对伊拉克首都巴格达的首轮空袭。其后，B-2轰炸机又用卫星制导炸弹攻击了巴格达的通信楼，摧毁了伊拉克的通信系统，"黑蝙蝠"再次逞能。

蓝天 "空中神探"

世界上第一架飞机"飞行者1号"一飞上蓝天，就引起军事部门注意，考虑如何把飞机应用于战争。飞机最早的军事应用是空中侦察，成为空中神探。所以，最早出现的军用飞机便是侦察机。

侦察机是专门执行军事侦察任务，获得军事情报的一种军用飞机，它是现代战争中的一种主要侦察工具。在现代空中神探队伍中又多了一名新成员——无人机，无人侦察机可以长时间、不疲倦地在空中侦察。

现代空中战场上还有一种空中神探，它便是预警机。预警机用机上装备的雷达等电子设备，搜索、监视空中或海上目标，侦察敌方动态，执行预警和指挥、引导己方战机进行空中战斗。

第一次空中侦察

1903年12月17日，美国莱特兄弟制造的第一架有人驾驶飞机"飞行者1号"，在第一次飞行试验中获得成功，虽然飞行距离只有36米，飞行时间只有12秒，但其意义深远，它标志着人类飞行时代的到来。

受莱特兄弟的影响，欧洲许多国家开始制造飞机，进行飞行试验。飞机的飞行试验引起各国军事部门注意，军事家们迫不及待地要把飞机用于战争。

1911年9月26日，意大利与土耳其为争夺北非殖民地爆发了战争。当时，土耳其没有飞机，意大利已拥有20架军用飞机，飞行员32名，编成一个飞机连，隶属于意大利陆军。10月15日，意大利航空队的参战飞机搭载在意大利军舰上，抵达的黎波里海湾。

"布莱里奥"单翼机

　　10月23日,意大利航空队队长皮亚扎上尉驾驶一架"布莱里奥"单翼机起飞。这架单翼机由法国飞行家布莱里奥制造,机上装有一台发动机,功率18千瓦。皮亚扎上尉驾驶着"布莱里奥"单翼机,飞到土耳其军队的阵地上空,进行了长达1小时的航空侦察。这是有史以来,飞机首次执行军事侦察任务,并揭开了战争史上飞机参战的序幕。

　　飞机的第一次航空侦察平安无事,获得了不少军事情报。10月23日,意大利航空队又派了一架"纽波特"单翼机,再次飞往土耳其阵地上空进行军事侦察,发现了一个庞大的地面营地。为了摸清情况,"纽波特"单翼机降低飞行高度,在目标上空盘旋飞行,遭到地面营地的士兵射击。几颗枪弹命中了飞机,幸亏损伤不大,这架"纽波特"单翼机没有掉下。

　　意土战争中,意大利军队尝到了飞机航空侦察的甜头,获得了许多军事情报。但是,这些情报都是飞行员用肉眼观察,并通过记忆,返回地面后口头上报的,有可能漏报、错报。为此,意大利航空队队长皮亚扎上尉在其飞机座椅上安装了一架照相机,可以进行空中摄影。

　　1912年2月23日,皮亚扎上尉驾驶着安装有照相机的"布莱里奥"

单翼机，飞到土耳其阵地上空，首次进行空中照相，得到有关军事情报。从此，飞机进行航空侦察成了航空队的一项重要任务，并由此诞生了专门的侦察机。

老牌高空间谍 U-2

侦察机是专门执行航空侦察，获得军事情报的一种军用飞机，它是现代战争中的一种主要侦察工具。

按照执行任务的不同，侦察机分为战略侦察机和战术侦察机两类：前者用于获取战略情报，其特点是航程远，具有高空、高速飞行性能；后者用于获取战役、战术情报，其特点是航程近，具有低空、高速飞行性能。

美国的 U-2 侦察机是一种高空战略侦察机，主要用于执行战略或战术航空照相侦察、电子侦察，它从 20 世纪 50 年代诞生以来，经过多次改型，有多种型号，其最新改进型为 U-2S，机长 19.13 米，翼展 31.39 米，起飞质量 18.16 吨，实用升限 22 870 米，航程 1.1 万千米。

在 U-2 高空侦察机上装备有巨型航空摄影机，能在万米以上高空拍摄到立体感强、清晰度高的航空照片。机上装备的雷达系统可侦察到浅层地下设施，机上还装有多种电子侦察设备，能接收地面和空中的雷达信号、电磁通信信号。

自从 U-2 高空侦察机问世以来，一直担任高空间谍角色。它曾从挪威、德国、土耳其、巴基斯坦、日本、中国台湾等地起飞，侦察苏联、中国及东欧社会主义国家的军事基地、导弹发射场、核试验场的军事情报。由于它飞得高，地面高射炮、战斗机对它毫无办法。

1960 年 4 月，苏联克格勃派出间谍，在 U-2 侦察机的高度表上做了手脚。5 月 1 日，当这架 U-2 侦察机再次飞入境内，进行军事侦察时，遇到了"米格"机拦截，并被其导弹所击落。原来，高度表被做了手脚，U-2 侦察机在 1 万米高度上飞行，高度表指的却是 2 万米。这样，U-2

美国U-2高空侦察机

侦察机在1万米高度上被苏军的防空导弹所击落。

在20世纪60年代，国民党空军利用美制U-2高空侦察机，窜入大陆进行军事侦察，共有5架被我军导弹部队所击落。在北京军事博物馆陈列着用被击落残骸拼凑成的U-2侦察机。

此后，U-2侦察机经过改型，其中U-2R型，参加了海湾战争，为多国部队获取有关伊军的军事情报，取得"沙漠风暴"军事行动的胜利，起到重要作用。在伊拉克战争爆发之前，迫于美、英压力，伊拉克同意联合国武器核查人员使用美国U-2S侦察机，进行空中核查。U-2S侦察机在伊拉克上空进行了大面积军事侦察，收集了许多军事情报。虽然并未发现伊拉克拥有大规模杀伤性武器，但是，美国和英国还是发动了伊拉克战争。

空中谍王"黑鸟"

美国的SR-71战略侦察机俗称"黑鸟"。自它问世以来，在世界各地流窜，进行高空间谍侦察活动。哪里有战事，哪里就有它的身影；哪里发生了重大事件，哪里就有它的踪迹。它神出鬼没，是个空中不速之客，不请自来，称得上"空中谍王"。

"空中谍王"SR-71战略侦察机是冷战时代产物。那是在20世纪60年代，美国U-2侦察机接二连三被击落。为此，美国研制了新一代间谍飞机。这样，便诞生了SR-71战略侦察机，并成为美国空军的一种战略侦察机。它的外形奇特，机身与三角形机翼融为一体。由于它全身呈黑色，像一只展翅飞翔的大鸟，故俗称"黑鸟"。

SR-71战略侦察机有A、B、C三种型号，以A型机为例，机长32.74米，翼展16.95米，起飞质量77.1吨，实用升限26 600米，航程4 800千米，机上装有多种先进的侦察设备。所以，它能在24 000米高空进行侦察飞行，一小时可侦察地面面积15平方千米。

自从"黑鸟"问世后，首先在越南战场上使用，获得许多重要情报。由于它飞得高、速度快，具有

美国SR-71侦察机

大面积搜索能力,所以,在高空可以获取军事情报。"黑鸟"曾在世界许多地方进行高空侦察活动。每当苏联进行核爆炸试验,或者发射战略导弹、部队演习,"黑鸟"会不请自来,刺探军事情报。苏联"米格"机与防空导弹曾多次追杀"黑鸟",由于它飞得高、速度快,几次追杀均未成功。

20世纪80年代,美国与利比亚发生军事冲突。SR-71侦察机飞入利比亚领空,从高空探测利比亚军事情报。1986年3月23日。美军发动"草原烈火"军事行动,就是根据"黑鸟"提供的军事情报,摧毁了利比亚的导弹阵地。"黑鸟"还曾对美国的盟友以色列进行过间谍侦察,以军曾派战斗机追杀。由于"黑鸟"速度快,快速飞离以色列。

在SR-71侦察机的间谍生涯中,曾先后遭到数百枚防空导弹及上千架次战斗机的追杀,但没有一架被击落。如今,"空中谍王"已退役,结束了高空间谍生涯。蓝天里会不会出现新的"空中谍王",让我们拭目以待!

披上面纱的隐形神探

1991年夏天,美国一个研究不明飞行物(UFO)的民间组织在美国一些地方,发现一种特殊飞行器在活动,速度极快。其后,有美国媒体报道,该国在研制隐形高空侦察机。这种正在研制的高空侦察机便是"极光"侦察机。

正在研制的"极光"侦察机,又名"曙光女神",它是美国继SR-71"黑鸟"战略侦察机之后的新一代战略侦察机,是一种高超声速侦察机。据有关媒体推测,该型侦察机全机长为32米,高为7米,全载质量83吨,其中三分之二以上是燃料,飞行速度6倍于声速。

"极光"侦察机上采用多种隐形技术,它的侧面则是形似一鹰喙的巨大流线体。两具组合循环发动机在机腹部沿飞机长度方向一直向后延伸和三角翼紧密融为一体,在机体前下方形成一个庞大的"斜曲面"。

"极光"侦察机具有隐形的外形,雷达反射截面积小。同时,它还采用红外隐形技术,利用特种燃料,采用可伸缩式风挡,以减少飞机发动机和飞机飞行时产生的红外辐射。

传说中的"极光"侦察机

在"极光"侦察机上装有多种先进的侦察设备,机上的雷达能在飞行中侦察,而机上的光学相机、红外相机,用于对地面目标进行航空摄影,并能在黎明、黄昏或强烈日光照射条件下,对地面隐蔽目标进行航空摄影。

"极光"侦察机收集到的情报,可通过卫星、侦察机、无人机传输到地面处理中心,以便及时把情报传送到上级部门。由于,该种侦察机速度极高,一般导弹难于追上它。所以,当它遭到导弹攻击,只要作机动,便能远离导弹截击区。"极光"隐形侦察机可与隐形战斗机、隐形轰炸机协同作战,为这些隐形战机提供实时侦察图像数据,配合它们进行攻击、轰炸。

还在20世纪90年代初期,海外媒体上出现不明高空高速飞行器的目击报告,并不断出现在雷达屏幕上,为此,有人推测:"极光"侦察机可能参与了战略军事侦察任务,不论是科索沃危机还是台海危机,都有"极光"的谍影。

从时间上推算,"极光"侦察机的研制时间已经应该有20多年了,而在这漫长的研制过程中,它不断引起世界各大媒体的关注。所以,海外媒体推测,尽管"极光"隐形侦察机还未正式登台亮相,还披着神秘面纱,但它的公开亮相是迟早的事情,到那时,侦察机家族又将增添新成员,蓝天中又多了一个隐形神探。

隐形神探新成员

无人侦察机是指无人驾驶的专门用于从空中获取情报的军用飞机,也是无人机最早的应用之一。无人侦察机依靠装在机上的可见光照相机、电影摄影机、标准或微光电视摄像机、红外扫描器和雷达等侦察设备,完成各种侦察和监视任务。无人侦察机可以深入阵地前沿和敌后一二百千米,甚至更远的距离进行侦察、监视活动。

一般来说,一架无人侦察机可携带一种或几种侦察设备,按预定的程序或地面指令进行工作,最后将所获得的信息和图像随时传送回地面,供有关部门使用。也可以将获得的所有信息记录下来,待无人机回收时一次取用。

当今世界最先进的无人侦察机是"全球鹰"无人侦察机,它是美国研制的一种高空高速长航时无人侦察机,主要用于低、中强度冲突中实施大范围的连续侦察与监视。"全球鹰"无人侦察机是美国为"高空持久性先进概念技术验证"计划的一部分,于1995年开始研制。

"全球鹰"无人侦察机机长13.4米,翼展35.5米,最大起飞质量11 610千克,最大飞行速度740千米/时,航程26 000千米,续航时间42小时。如果从美国本土起飞,能够到达全球任何地点进行连续侦察、监视,然后返回基地。机上装有高性能电视摄像机,用于对目标拍照,又装有红外探测器,可以发现伪装目标,分辨出活动目标与静止目标。机上侦察

"全球鹰"无人侦察机

设备所获得的目标图像,通过卫星通信或微波接力通信,传输到地面站,经过信息处理,把情报发送给战区或战场指挥中心,为指挥官进行决策或战场毁伤评估提供情报。

以色列的"搜索者"是新一代无人侦察机,机长5.15米,翼展7.22米,最大起飞质量372千克,最长留空时间为14小时,侦察飞行的活动半径在有无线电中继时为220千米,无无线电中继时为120千米。机上装备的光电侦察设备有电视摄像机、前视红外仪、激光目标指示器、激光测距仪等,根据侦察任务或执行任务的时间不同,这些侦察设备可有不同的组合。机上有数据传输设备,可将侦察获得的图像实时传回地面站。

我国也发展无人侦察机技术,最初是用退役战斗机改装成无人侦察机,其后研制新型无人侦察机。在历届中国国际航空航天博览会(简称"中国航展")上,常有无人机展出。在2012年11月开幕的中国航展上,展示了以"翼龙"为代表的8种无人机。在2014年8月29日开幕的天津国际无人机展上,中国WJ-600战术攻击无人机亮相,它可用于执行对地攻击、电子战、信息中继等军事任务。

随着高新技术的发展和应用,无人机上的设备性能也在不断提高,同时还增加了一些新的装备,应用范围进一步扩大。如装备全球定位系统后,无人机可与侦察卫星和有人驾驶侦察机配合使用,形成高、中、低空,多层次、多方位的立体空中侦察监视网,使所获得的情报信息更加准确可靠。

空中指挥所

用于搜索、监视空中或海上目标,引导己方飞机进行作战的军用飞机便是预警机。它通常由大型运输机改装而成,也有专门建造的。机身上装有圆盘形雷达天线罩,它具有良好的探测低空、超低空目标能力,平时可防止突然袭击,战时执行预警和指挥、引导等任务,是空中指

美国E-3"望楼"预警机

挥所。

美国从20世纪70年代开始研制空中预警机。E-3"望楼"预警机是美国的第三代空中预警机。它是在"波音707"民航机基础上发展起来的,是世界上技术最先进的预警机,具有预警距离远、搜索能力强、战斗用途广等特点,用于搜索、监视空中或海上目标,引导己方兵力作战。

E-3"望楼"预警机的机身粗长,布置有驾驶舱、战术舱、生活舱。在它的后背上有一个椭圆形盘子,直径9.1米,这就是雷达天线罩子。该种预警机有三种型号,以A型机为例,机长46.61米,翼展44.42米,机高12.6米,起飞质量147吨,实用升限12 200米。机上装有多种电子设备,除了高性能雷达外,还装有数据处理系统、敌我识别系统、导航系统、通信系统和电子侦察系统。

E-3"望楼"预警机装备美国空军部队,用于向指挥员提供全天候的侦察、控制、通信服务,显示敌我双方作战态势,以供指挥员指挥己方空中兵力,完成空中格斗、截击、近距支援、援救、运输、空中加油等多种任务,是名副其实的空中指挥所。在海湾战争中,美军出动10架E-3预警机,在空中指挥作战12万架次,为多国部队空袭伊拉克发挥重要作用。

中国军队也需要空中指挥所,中国自行研制的大型预警机已经踏入定型生产阶段,这就是"空警-2000"预警机,它的雷达天线并不像美、俄预警机一样是旋转的,而是固定不动的。因为"空警-2000"预警机采用了世界上最先进的相控阵雷达技术,这种先进的雷达技术,也令世界震惊。

超低空杀手

海湾战争中，武装直升机大显身手。1991年1月17日，8架美国陆军"阿帕奇"武装直升机与美国空军的F-117A战斗轰炸机一起打头阵。"阿帕奇"武装直升机从低空闯入伊拉克防区。伊军防空雷达没有发现它们，而"阿帕奇"武装直升机却探测到了伊军防空雷达阵地，并发射了反雷达导弹，摧毁了伊军雷达站，挖除了伊军防空系统的"眼睛"，使得多国部队的几百架战机畅通无阻地飞过伊拉克防空网缺口，直向伊拉克首都巴格达飞去。

从"竹蜻蜓"到直升机

直升机是依靠发动机带动旋翼产生升力和推进力的航空器，能垂直起降，空中悬停，并能原地转弯。

说起直升机不能不说起中国古代的"竹蜻蜓"，它由一根竹棒和几片竹片构成，用双手夹住竹棒使劲一搓，"竹蜻蜓"就会飞上天空。到了明代时候，"竹蜻蜓"传到了欧洲，被称为"中国飞行陀螺"。

15世纪时，意大利著名画家达·芬奇画了一张直升机草图，当时没有发表。直到1893年，达·芬奇的直升机草图才得以发表，后人根据他的草图制作了一个直升机模型，陈列在博物馆里供人参观。

19世纪中叶英国一位发明家制造了一架直升机模型，模型制造得相当完美，还装有一台蒸汽机作动力，但是这架直升机模型没有飞起来。其后，意大利一位工程师又制作了一架直升机模型，也装有一台蒸汽机。这架直升机模型飞到了12.2米高度，在空中停留了20秒。

世界上第一架实用直升机

  20世纪初,法国、西班牙、意大利、德国、美国、俄国等国家的许多发明家,都在为研制直升机而奋斗,制造了许多会飞的直升机模型。世界上第一架有人驾驶的直升机是法国工程师布雷盖设计制造的。1907年8月24日,布雷盖驾驶自己制造的直升机,离开了地面。这架飞上天的直升机装有4副旋翼,每副旋翼由8个双层桨叶组成,机上装一台发动机,可乘载一人。但是,布雷盖的直升机稳定性差,不能在空中自由飞行。

  1937年,德国研制了FW-61直升机,它采用双桨横列式旋翼,样子古怪,却能在空中盘旋,还破天荒地从德国柏林飞到英国伦敦,进行了长距离飞行。德国军方想把这种直升机用于战斗,但计划未能实现。就在德国研制直升机的同时,美国陆军对直升机发生兴趣。

  1939年,移居美国的俄国人西科尔斯基研制成直升机VS-300,它是世界上第一架实用型直升机。美国陆军购买了这种直升机的改进型,编号为R-4,它是世界上最早在军队中服役的军用直升机。

  1944年,R-4直升机被派往缅甸,作为指挥官的空中观察机,这是军用直升机最早参加的作战行动。

直升机上战场

军事上应用的直升机便是军用直升机,军用直升机的诞生,使得美、英、法等国的海陆空三军都想用军用直升机装备部队。1947年12月,美国海军陆战队建成第一个直升机中队用来运送海军陆战队员。

1950年,朝鲜战争爆发。美军空军提出组建一个直升机大队,用于空中运输。美国海军陆战队则把15架HRS-1直升机运到朝鲜战场,用来运送人员、物资,空中侦察,援救伤员。

1951年,美国陆军部给每个陆军集团军配备4个直升机营,每个营下辖3个连。陆军的直升机应用在作战地带内,空运补给品、装备和小股部队。美国空军也不甘落后,空中救护局救护中队也配备救护直升机,用来执行短程援救任务,利用救护直升机援救坠落在敌方战区内的飞行员。美国空军的救护直升机有H-5直升机、YH-19直升机。

在中国人民志愿军和朝鲜人民军的猛烈打击下,美军的伤亡不断增加。在一次空降作战中,许多美军空降士兵在战场上受了伤,美军出动救护直升机77架次,在一天内营救了148名美军伤兵,救护直升机成了"空中救护车"。据统计,在三年朝鲜战争中,美军救护直升机共救护伤员23 000人。

世界上第一种专用的武装直升机是美国的AH-1直升机。它是一种单旋翼轻型武装直升机,绰号"眼镜蛇",具有速度快、机动性好、火力强、生存力高等特点,用来为运输直升机护航,对地实施火力支援和反坦克作战。

AH-1武装直升机是一个庞大家族,有多种型号,每种型号的直升机尺寸、动力、武器装备、战斗性能各有不同。其中,AH-1W型绰号"超级眼镜蛇",机身粗长呈流线型,机上的动力装置为2台涡轮发动机,飞行速度239千米/时。它的机头上装有一门口径20毫米的3管机炮,机身两侧有短翼,每侧短翼下有2个武器挂架,可配置反坦克导弹、空地导弹、空空导弹,也可配置火箭发射器,执行不同任务,配置不同武器。

1967年秋,AH-1G武装直升机被配往越南战场,它们在步兵武器射程之外高度上飞行,发现地面目标后立即进行攻击。有的AH-1G武装直升机直接闯入越南军队坦克机动地域,突然对越军坦克发起攻击。在1968年,美军发动的"春季攻势"中,大批AH-1G武装直升机投入战斗,不停地对越军阵地进行攻击,取得一定战果。

1991年海湾战争中,美国海军陆战队AH-1W"超级眼镜蛇"频频出击。它在100小时地面战斗中,执行火力支援任务,清除伊军布设的雷阵,摧毁伊军的地面火力点,遏制伊军坦克行动,为多国部队的地面部队向前推进,提供了强有力的火力支援。在2003年的伊拉克战争中,美国海军陆战队的AH-1W武装直升机进入伊拉克境内,参与地面战斗。但是,美军的武装直升机也有损失,其中一架AH-1W在伊拉克中部坠毁,葬身大漠。

美军AH-1武装直升机

特种兵的坐骑

武装直升机是特种兵的坐骑,美国海军陆战队最早装备武装直升机。1985年,美国海军创建了"海上驼鹿"中队,是美国海军陆战队中的一支特种作战部队,装备CH-46武装直升机,用于进行海上特种战,也可执行海上搜索、救护、扫雷、反潜等多种战斗任务。

"海上驼鹿"中队成立后参加了不少军事行动。在伊拉克战争中也有所表现,2003年3月21日,伊拉克战争刚打响,运载英、美特种兵的CH-46直升机在科威特、伊拉克边界处坠毁,成为伊拉克战争中蒙难的第一架美军战机。

伊拉克战争中,作为特种兵坐骑的武装直升机,其最为出色的表现是一次被称为"虎口拔牙"的军事行动。

那是伊拉克战争打响不久,美国女兵林奇被伊军俘获,成为被伊军俘获的第一名女俘虏。据线人密报,林奇已受伤,被关在伊军控制的纳西里伊耶城的一家医院中。为解救林奇,美军特种部队发动了一场代号为"虎口拔牙"军事行动。

4月1日夜晚,美军特种兵搭载UH-60"黑鹰"武装直升机,在夜幕下超低空飞行,扑向纳西里伊耶城。与此同时,美军为迷惑伊军,佯装要攻打纳西里伊耶城,引开伊军。"黑鹰"武装直升机突然降落在城内医院,找到了受伤的美国女兵林奇,用"黑鹰"武装直升机将她送回美军基地,达到了"虎口拔牙"军事行动的预定目标。

UH-60"黑鹰"是一架装备陆军部队的武装直升机,机身长15.26米,起飞质量9.98吨,最大速度361千米/时,航程600千米。该型直升机的前部为驾驶舱和机舱,在机舱内可装载11名士兵。机上有一个吊挂系统,可挂载货物,也可挂载反坦克弹、火箭弹、布雷舱、电子对抗舱和其他外挂武器,在其头部还装有一挺机枪,用于自卫。

由于UH-60"黑鹰"武装直升机轻便灵活、机动性好,能进行全天候飞行,可用以执

UH-60"黑鹰"武装直升机

行军事运输和火力支援,也可执行电子对抗、布雷、救护等多种任务,特别适合于特种部队搭载突击队员,进行特种作战、营救人质、救助伤员,进行突然袭击。自从"黑鹰"武装直升机装备美军特种兵部队后,参加多次特种作战,其中最著名的是参与格林纳达特种战。格林纳达是位于加勒比海东部的岛国,1983年10月19日发生了军事政变,美国迅速派兵干预。美军特种兵部队搭载直升机,对格林纳达实施空降突袭。"黑鹰"武装直升机空降到格林纳达岛国,进行特种机动战,对政变军队的军营进行突袭。至10月28日,美军完全控制了格林纳达岛国。"黑鹰"武装直升机参与格林纳达特种战全过程,充分显示了武装直升机的战斗作用。

海湾战争中的空中杀手

海湾战争,武装直升机更是大显身手。美国陆军的"阿帕奇"武装直升机从低空闯入伊拉克防区,摧毁了伊军雷达站,挖除了伊军防空系统的眼睛,在伊拉克防空网上撕开了缺口。

对伊军进行"挖眼"手术的"阿帕奇"是当今世界上最先进的武装直升机之一,1984年,在美国陆军部队正式服役。它是一种中型武装直升机,机身长14.65米,机高3.5米,最大起飞质量905吨,最大速度365千米/时,航程482千米。该型武装直升机装备有精良的武器,除了装备1门机关炮外,还可外挂16枚反坦克导弹或4枚空空导弹、16枚火箭弹。所以,"阿帕奇"武装直升机火力强,战斗威力大,是名不虚传的"空中杀手"。

"阿帕奇"武装直升机机体结实,下部机体装有轻型装甲,能抵挡地面火力攻击,具有较强的生存能力。机上装有先进的电子装备,还装有目标截获、识别系统和飞行头盔夜视系统,飞行员能在夜间发现、识别目标。所以,它能夜间飞行,全天候作战。正是由于"阿帕奇"武装直升机具有优良的战斗性能,它才能在现代战争中发挥重要作用。

在海湾战争中,美军共投入300多架"阿帕奇"武装直升机,它们贴近地面,超低空

美国"阿帕奇"武装直升机

飞行,在几米、几十米距离上,对伊军地面坦克、火炮、战车进行攻击,被称为"坦克杀手"、"空中火药桶"。在海湾战争的地面战斗中,每次都由"阿帕奇"打冲锋,对伊军地面目标进行超低空轰炸、突击。

2003年3月20日,美、英发动了伊拉克战争。美国陆军的"阿帕奇"武装直升机在空中配合美军地面部队对伊军进行空中打击,取得明显的战果。但是,"阿帕奇"武装直升机也遭遇伊军地面部队反击,在3月24日对伊军的攻击中,有一架"阿帕奇"被击落,多架受伤。

马岛海战打头阵

1982年的马岛海战中,武装直升机大显身手。交战双方阿根廷和英国军队都装备武装直升机,在马岛海战全过程中,双方的武装直升机都有出色表现。

在阿根廷海军的舰船上,配备了"美洲豹"、"云雀"和美国的"海王"直升机。"美洲豹"直升机是英、法两国联合研制的一种中型多用途武装直升机,机身长14.06米,机高5.14米,最大起飞质量7 400千克,最大速度294千米/时,航程572千米。机上装有多种武器,有机枪、机炮、导弹、火箭弹,机舱内可搭载16名全副武装的士兵。

"云雀"直升机是法国研制的一种轻型多用途直升机,机身长12.84米,机高3米,最大起飞质量2 250千克,最大速度220千米/时,航程480千米。机上装有机枪、机炮,也可外挂导弹,机舱内可搭载6名全副武装的士兵。"云雀"直升机分陆军型和海军型,海军型是一种舰载直升机,装备于大中型军舰上,用于对海作战和反潜。

阿根廷的武装直升机首先在马岛燃起烽火。1982年4月1日,阿根廷的第一批突击队乘坐"海王"直升机登上马岛首府斯坦利港;4月2日,阿根廷海军陆战队乘坐"美洲豹"直升机占领了南乔治亚岛;4月3日,阿根廷海军又从舰船上起飞"云雀"直升机,载运武装士兵,占领了英国管辖的整个马岛。

"美洲豹"武装直升机

阿根廷军队占领整个马岛,使英国大惊失色。英国海军立即派出特混舰队,来到马岛海域。英国特混舰队舰船上装备多种型号武装直升机,4月25日,英军的一架"威塞克斯"直升机发现阿根廷潜艇"圣菲"号。"威塞克斯"直升机有通用型和反潜型两种,英国特混舰队装备的是反潜型,立即投下深水炸弹,使阿根廷潜

艇受到严重破坏。

其后，英军的"大山猫"、"黄蜂"武装直升机再次对"圣菲"号潜艇进行攻击。"大山猫"直升机有陆军型和海军型两种，英国特混舰队装备的是海军型，可携带鱼雷、炸弹、导弹，如"黄蜂"直升机上就装有反潜鱼雷。它们对"圣菲"号潜艇进行了空中攻击，使其无法下潜。潜艇艇员只能弃艇逃生。英军在攻占马岛群岛的战斗中，舰载直升机采用垂直登陆、"蛙跳"战术，使英军屡屡得手。在马岛海战中，英军的武装直升机立了大功。

战场多面手

武装直升机是战场多面手，可装载多种武器，有机枪、机炮、火箭、炸弹、导弹，主要用于攻击地面、水面、水下目标，也可用于运输、护航，有的还可用来与敌方直升机进行空战。所以，许多国家从事武装直升机的研制和发展。

法国是最早发展、最早使用武装直升机的国家之一。早在20世纪50年代，法国军队使用美制武装直升机对付阿尔及利亚民族解放军。其后，法国发展多种型号军用直升机。除了"云雀"直升机及和英国共同研制的"美洲豹"直升机外，还有："超黄蜂"多用途直升机，可携带自导鱼雷、飞鱼导弹；"美洲狮"直升机，装备有机枪、机炮、火箭弹、导弹；"黑豹"多用途直升机，可携带导弹；"松鼠"直升机，可发射火箭和反坦克导弹。

苏联也积极研制和发展军用直升机，"米–24"是苏联第一代武装直升机的代表，又称"雌鹿"，它有多种型号，型号不同，装备的武器也不同，有机枪、机炮、火箭弹、反坦克导弹。在阿富汗战争中，苏军用"雌鹿"武装直升机，配合地面部队行动，对阿富汗游击队根据地进行空中袭击，使阿富汗游击队蒙受重大损失。

1989年，苏联研制了世界上第一种全装甲武装直升机"米–28"，该机机舱有装甲保护,机上装备多种武器。1991年,苏联又研制了"卡-50"直升机,它是一种反坦克武装直升机,除了对付坦克外,还能执行反舰、搜索、侦察、援救等多种任务,它的战斗性能与美国的"阿帕奇"武装直升机相当。

意大利研制的A-129直升机是一种反坦克武装直升机,用于对付行进中的坦克,压制地面防空武器。南非研制的CSH-2武装直升机,用于反坦克和近距离支援地面部队。

我国研制的"武直-9"武装直升机,是从法国引进技术制造的一种双发轻型多用途直升机,具有优良的战斗性能,能执行侦察、反潜、援救、指挥通信等多种军事任务,要是装上反坦克武器,可成为空中坦克杀手。"武直-9"武装直升机装备陆军部队后,大大提高地面部队的作战能力。

在"武直-9"基础上,中国又研制了"武直-10",这是我国第一款专用武装攻击直升机,目前已大批量装备陆航部队,并参加过多次综合性演习。中国官方也正式发布了关于"武直-10"已经列装挑战飞行极限,敢飞高难课目的新闻。该款机创造了我陆航直升机在海拔5 000米以上高原起降等4项新纪录,实现了国产新型武装直升机在高海拔地区的首次实弹实射,填补了新型直升机高原地区飞行训练和保障等10多项空白。

还有媒体介绍,中国以"武直-9"为基础研制了"武直-19",这是一种双座型攻击直升机,其技术性能与中国最新型的"武直-10"、意大利的T-129和美国AH-64有些相似。主要用于消灭敌方的装甲技术装备和其他地面有生力量。

中国"武直-9"武装直升机

眼睛的炸弹

1999年春天,北约对南联盟进行了规模空前的轰炸。一批又一批的北约战机飞到南联盟上空,进行狂轰滥炸,将几千吨炸弹投掷到南联盟土地上。炸弹的爆炸声夜以继日,接连不断。南联盟的机场、油库、铁路、桥梁、政府大楼、电视台都成了北约战机的轰炸目标。

北约战机在南联盟上空投下的几千吨炸弹中有许多是航空制导炸弹,是一种长眼睛的炸弹,能自动瞄准目标。

航空制导炸弹在现代战争中得到广泛应用,在越南战争、海湾战争及伊拉克战争中,大显身手,取得不俗战绩。

航空炸弹的发展历程

航空炸弹简称"航弹",是从航空器上投掷的一种爆炸性武器,利用炸弹爆炸产生的冲击波和燃烧作用来杀伤敌方目标,它是轰炸机、战斗轰炸机和攻击机携带的主要武器。

19世纪中叶,奥地利人开始从气球上向意大利威尼斯城投掷爆炸性武器,这可能是航空炸弹最早的实战应用。1911年11月1日,意大利战机将手榴弹改造成炸弹,轰炸了利比亚地区的土耳其军队,这是世界上最早一次轰炸。后来,俄国、德国、意大利开始研制航空炸弹。

在"一战"中,航空炸弹得到应用。那时的航空炸弹构造简单,只是在普通炮弹上加装尾翼,或是用手榴弹改制作为航空炸弹。在"一战"期间,交战双方共投炸弹5万多吨。

"二战"期间,航空炸弹得到迅速的发展,产生了不同类型的航空

炸弹,有杀伤炸弹、破甲炸弹、燃烧炸弹等,还出现了集束炸弹、穿甲炸弹和凝固汽油燃烧弹等新型航弹。

燃烧炸弹简称燃烧弹,是装有燃烧剂的航空炸弹,利用燃烧剂燃烧作用烧伤目标,烧伤敌方有生力量和烧毁易燃的军事技术装备和设备。那些装有凝固汽油的炸弹叫"凝固汽油弹",这种炸弹爆炸时能产生高温火焰,内装用汽油和其他化学品制成的胶状物,爆炸时向四周溅射,发出1 000℃左右的高温,并能粘在其他物体上长时间燃烧。为了提高燃烧威力,有些凝固汽油弹中添加活泼碱金属如钙、钡等,金属与水结合放出的氢气又发生燃烧,提高了燃烧威力。

在越南战争中,美军战机投掷了数百万磅凝固汽油弹。凝固汽油弹在人体上留下的烧伤非常难以治愈,因而被一些国际人权组织认为是"非人道"武器。出于人道主义考虑,1980年10月10日,联合国有关部门在日内瓦召开成员国会议,通过了《禁止或限制使用燃烧武器议定书》,其中就有禁用凝固汽油弹的条款。

穿甲炸弹凭借其动能和内部装药,能摧毁坚固的混凝土工事和军舰等装甲目标。航空穿甲炸弹有许多型号,都是在借重势能增加穿透力,因此在保证精度的前提下,投掷高度越高越好,这样穿透力越强。"二战"时美军轰炸机携带的**AN-MK1**航空穿甲炸弹,可以对付战列舰级重型水面战舰。

为了增加穿甲炸弹的穿甲能力,还出现在炸弹上带有小动力推进装置的情况。法国的"迪兰达尔"目标侵彻炸弹就是这样的穿甲炸弹。它带有小动力推进装置,由点火控制系统控制阻力伞、解除战斗部保险和控制助推火箭发动机的点火时间。阻力伞使高速水平飞行的炸弹获得合适的落角,助推火箭发动机使炸弹增加动能,穿入目标内爆炸,多用于轰炸机场跑道。

航空炸弹的质量也越来越大,达到了数吨以上。英国曾制造过质量达10吨的"大满贯"炸弹,1945年3月14日用兰开斯特重型轰炸机

英国"大满贯"炸弹

投放,炸毁了德国的比勒菲尔德高架铁路。"大满贯"至今仍是实战中使用过的世界上最重的航空炸弹。

集束炸弹大显身手

集束炸弹,又称"子母炸弹",是把许多小型炸弹包括杀伤弹、破甲炸弹、燃烧炸弹等装在一起齐投或连续投掷的炸弹。

一颗集束炸弹内含众多大小不一的"子弹",少的几颗,多的几百颗。母弹被投放或发射到目标附近后弹体打开,将子弹在更大区域散布,扩大炸弹的破坏面积,增强轰炸效果。集束炸弹多半用于攻击集群坦克装甲战斗车辆、部队集结地等集群目标,或机场跑道等大面积目标,具有较强的毁伤能力。

第一枚集束炸弹首先由德国在"二战"中使用,当时经常被称作"蝴蝶炸弹",它们用来打击民用与军用目标。其后,美国、苏联、意大利进一步研制、发展集束炸弹。

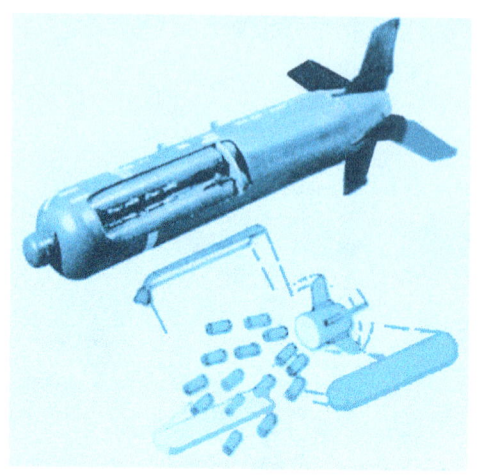

传感器引爆集束炸弹

集束炸弹采用面积覆盖技术，即把大量的小型杀伤弹、破甲炸弹、燃烧炸弹等装在一起投放，可使小型炸弹得到合理的运载，将子弹按照目标毁伤概率的最大期望值，一次或逐次投放到预定的面积上，提高炸弹杀伤力。

集束炸弹投弹后根据定距引信所控制的工作时间，可在空中预定高度散开或抛出子弹。当子弹撞击目标时击发引爆，形成一定的散布面积，杀伤敌方有生力量和破坏各种技术兵器。为了使集束炸弹发挥更大战斗作用，在投弹时使用子母弹箱和集束弹架，使子弹运用更合理，大大提高了轰炸效率。

集束炸弹有多种类型。按照子炸弹（即构成集束炸弹的小炸弹）的用途，分杀伤型、反装甲型、反跑道型等多种。按照集束的方式，分两种类型：一种是捆扎式的，把多颗小炸弹按一定排列成捆在一起，挂在战机的机翼或机身下；另一种是弹箱式的，把许多小炸弹装在一个弹箱内。弹箱又分两种，有一次使用的弹箱和多次使用的弹箱，一次使用的弹箱从飞机上投下后，降至一定高度，在空爆装药作用下解体，抛撒出子炸弹；多次使用的弹箱不投下，子炸弹从弹箱抛出，弹箱可以重新装弹。

据有关国际机构估计，自1965年以来，共有4亿多枚集束炸弹被使用在不同国家，造成数万平民伤亡。美国空军曾经在海湾战争、科索沃战争、阿富汗战争和伊拉克战争中大量使用集束炸弹。为此，国际上达成协议，自2010年8月1日起，禁止使用、研发和生产集束炸弹。但是，美国没有在协议上签字。

多姿多彩的制导炸弹

"二战"期间，德国和美国相继研制出制导炸弹。"二战"后，各国不断改进航空炸弹，以提高航弹在不同战斗使用条件下的作战效果，出现了多种多样作用独特、性能优异的新型航弹。

20世纪30年代末至40年代初，德国最先研制成功并使用采用无线电制导方式的炸弹，它是在普通航空炸弹上加装弹翼、尾翼和制导装置制成的飞机型无动力滑翔炸弹，无推进系统。

无线电制导炸弹是一种滑翔炸弹，有比较大的弹翼，在弹体前端装有导引头。当它离开飞机后，无线电导引头自动工作，通过无线电波自动捕捉、跟踪目标。它的缺点是易受电子干扰，影响投弹精度。

1944年德国在空袭意大利舰队时曾多次使用这种无线电制导炸弹，击沉了4.25万吨的"罗马"号战列舰。

"二战"后期，美国也开始研制制导炸弹。20世纪60年代以来，随着电子技术的进步和制导技术的成熟，制导炸弹有了迅速的发展，出现了电视制导炸弹、激光制导炸弹、红外制导炸弹和雷达波束制导炸弹。

电视制导炸弹的导引头是一个电视寻的系统，当战机进入预定目标区域后随即投弹，导引头里的电视摄像机对准和锁定目标。电视寻的系统能自动跟踪目标，纠正炸弹飞行误差，直至命中目标。它的缺点是对能见度要求高，只能白天使用，黑夜和雾天无法使用。

激光制导炸弹是一种半自动寻的制导炸弹，它的导引头上装有激光制导装置。战机投弹前，用激光照射器照射目标。目标被锁定后，投下激光制导炸弹。战机上的激光照射器照射目标，炸弹导引头上的激光制导装置接收到回波进行制导，直到命中目标。它的命中目标的圆概率误差小，即一枚制导炸弹可以起到几十乃至几百上千枚普通炸弹的作用，并使载机的轰炸和攻击次数大大减少，被敌方地面防空火力击

美国的宝石路激光制导炸弹

中的危险也明显降低。而且,它的抗干扰能力强,不受电子干扰。但是,激光制导炸弹易受气象条件和烟雾影响。在越南战争、海湾战争和伊拉克战争中,美国曾大量使用激光制导炸弹。

红外制导炸弹是一种利用红外线来制导的炸弹。它的导引头上装有被动式红外寻的制导系统,利用目标产生的红外辐射,自动跟踪、攻击目标。红外制导炸弹在黑夜和雾天也可使用。其缺点是导引设备结构复杂,红外传感元件使用条件高,并易受红外诱饵弹和红外干扰烟幕干扰。美国曾经研制一种红外制导炸弹,在一个大炸弹中有几个红外制导小炸弹,用来追杀行进中坦克。

"可放心炸弹"

卫星定位制导炸弹是利用惯性制导装置和全球卫星导航系统来控制的炸弹。利用位于高空覆盖全球的卫星导航系统,可以随时测出炸弹相对目标的方位。当炸弹投掷后,弹体内的导向计算机根据探测到的炸弹相对目标的方位,计算出炸弹的弹道,控制炸弹弹翼,引导炸弹投向目标。

卫星定位制导炸弹精确度高，抗电子干扰，不受气象条件影响。飞机投掷炸弹后，即可撤离战区，不必担心是否命中目标，炸弹会自动导向目标，所以，称为"可放心炸弹"。

美国把卫星定位制导炸弹装在B-52、B-1、B-2轰炸机上。在北约空袭南联盟期间，美国的B-2轰炸机远涉重洋，来到南联盟上空，投掷卫星定位制导炸弹。一方面显示实力，用武力迫使南联盟屈服；另一方面把南联盟作为卫星定位制导炸弹这一新武器的试验场。在其后的伊拉克战争中，美国轰炸机用卫星定位制导炸弹对伊拉克的重要目标进行了精确打击。

在GPS卫星导航系统出现以后，美国研制了"杰达姆"炸弹(JDAM)，又称"联合制导攻击武器"，也是一种卫星定位制导炸弹。这种炸弹是为适应美国空军和海军发展要求而研制的，是一种由美军现存的普通常规炸弹升级发展而来，利用全球定位系统(GPS)引导的全天候、自动寻敌常规炸弹。

现在，世界上有许多国家拥有卫星定位制导炸弹。例如，韩国的军工企业联合研发了"韩国型"全球定位系统制导炸弹，帮助韩国空军老旧的战机提高作战性能。

美机在投掷"杰达姆"炸弹

百步穿杨的利器

"百步穿杨"这句成语源于春秋战国时期,楚王手下有一位叫养由基的将军,善于射箭,能在距离杨柳树百米外的地方,连发数箭均射中杨柳树叶,后来人们用"百步穿杨"形用击射技术高超。

导弹这种精确制导武器命中精度高,无愧为百步穿杨的利器。导弹武器能实现精确打击,是兵器之星。

从"神火飞鸦"到火箭导弹

世界上第一枚火箭是我国古代人民所创造的,出现在宋初,它是一种火药火箭。现代的火箭、导弹是在我国古代火药火箭基础上发展起来的。

古代火药火箭用竹管或纸板做成前端封闭、后端开口的火药筒,药筒内装火药,药筒尾部的壁上开有小孔,引出药线。然后,把药筒绑在箭杆上,点燃药线,引燃药筒内火药,火药燃烧产生的大量火药气体,从药筒后端开口处向后喷出,利用反作用力,使箭向前飞行。

到16世纪末,明朝官军用火药火箭攻击倭寇战船。在明朝官军武器库中,有一种"神火飞鸦",它的外形像乌鸦,用竹子编成,肚子里装火药,翅膀下装4支火箭。点燃火箭,"神火飞鸦"向前飞行,落入敌阵,引燃火药,引起大火。"神火飞鸦"可用于海战,烧毁倭寇战船;也可用以陆战,烧毁敌方兵营。

19世纪末,俄国科学家齐奥科夫斯基提出了液体火箭和组合火箭思想,奠定了现代火箭技术基础。1926年,美国物理学家戈达德成功地发射了世界上第一枚液体火箭,速度超过声速,他还发明了控制火箭飞行方向的转向装置和陀螺仪。

20世纪30年代,欧洲制造出射程为几十千米的火箭弹。德国成立了"宇宙航行俱乐部",从事火箭的研究、试验。希特勒上台后,加紧以火箭为重点的秘密武器研究,把"宇宙航行俱乐部"纳入军事轨道,成立了火箭研究中心,对火箭推进技术、自动控制系统、电子设备、无线电技术、雷达、新材料进行大量研究,使火箭技术的发展上了一个台阶。

"二战"期间,德国研制成"可控航空炸弹",炸弹投下后,可利用无线电来控制,可修正炸弹滑翔。但是,它没有发动机,自己不能飞行。1939年,德国研制成A-1导弹,这是一种小型导弹。其后,又研制成了改进型A-2、A-3导弹。在此基础上,德国研制成功能实用的V-1巡航导弹、V-2弹道导弹,把它们视为秘密武器,导弹就这样诞生了。

V-1导弹是最早的巡航导弹,弹长7.6米,翼展5.5米,发射质量2 200千克,弹体上装有喷气发动机,被盟军称为"飞弹",由于它飞行时能发出可怕声音,又称"嗡嗡弹"。V-2导弹弹长8米,弹径1.65米,

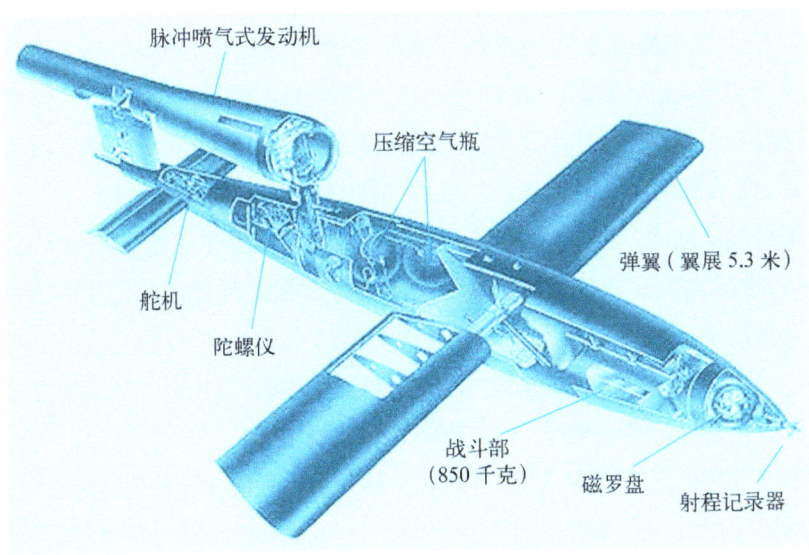

德国V-1导弹

发射质量13 000千克，弹体上装有液体火箭发动机。到了"二战"末期，希特勒为了挽救其失败局面，动用了导弹这一秘密武器。德军向英国、比利时发射了约1万枚V-1导弹，还向英国发射了4 300枚V-2导弹，并空袭英国首都伦敦。虽然，导弹袭击使英国蒙受重大损失，但最终未改变希特勒失败的命运。

蓝天"响尾蛇"

导弹自问世以来，发展迅速，它们大小不一，形状各异，构造和用途也各不相同。导弹已发展成一个庞大家族，种类繁多，按照发射方式可分空对空导弹、地对空导弹、空对地导弹、地对地导弹。

空对空导弹是从空中发射，专门用来攻击空中目标，进行空中战斗的导弹。第一代空对空导弹的代表是美国在20世纪研制的"响尾蛇"导弹，它在德国的X-4导弹基础上研制而成，是世界上第一种被动式红外制导的空对空导弹，弹长2.84米，弹径0.127米，发射质量70千克，射程11千米。它由战斗部、火箭发动机、制导装置、弹翼和舵面所组成。

世界空战史上空对空导弹的第一次战斗发生于1958年9月24日。那天，国民党空军24架F-86战斗机分两批窜入浙闽地区上空，我空军战斗机起飞迎敌，由于不知道敌机上载有导弹，仍按常规战术近战格斗，使敌机无法发射导弹。在接敌过程中，我空军的三号机掉了队，在追赶编队途中，遇到敌机群，三号机孤军作战，接连击落两架F-86战斗机，敌机发射了"响尾蛇"导弹，击落了我空军的三号机。这是"响尾蛇"导弹的第一次战斗。

1960年2月16日，国民党空军4架F-86战斗机出动，窜入闽粤地区上空，又想用"响尾蛇"导弹击落我战机。我空军起飞8架歼-5战斗机，我军飞行员已有准备，知道"响尾蛇"导弹攻击只能在尾后远距离进行，所以采用近距格斗战术，不让其咬尾。F-86战斗机斗不过歼-5，格斗中

F-86战斗机为提高机动性,被迫发射导弹,弃弹逃生。空战进行了10分钟,F-86战斗机被击伤一架,所携带的"响尾蛇"导弹没有派上用场。

1981年8月19日,美国第六舰队在地中海南部有争议海域进行演习。利比亚派出2架苏-22战斗机飞到锡德拉湾上空进行巡逻。美国海军从航空母舰上起飞2架F-14舰载机,双方在距利比亚海岸线100千米距离上相遇,苏-22战斗机首先开火,未能击中。美军2架F-14各发射一枚"响尾蛇"导弹,准确命中目标,取得空战胜利。

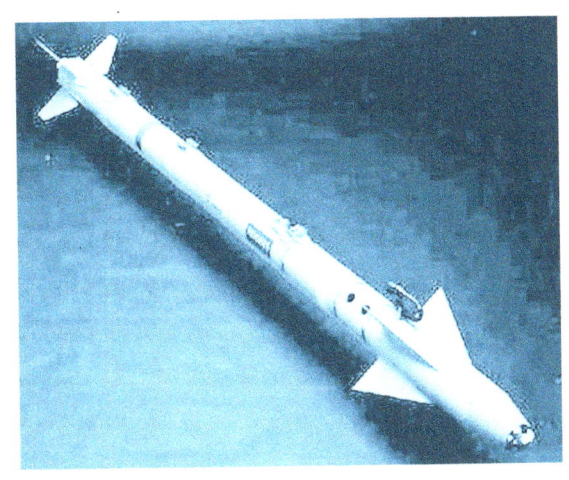

美国"响尾蛇"导弹

战绩显赫的"萨姆"导弹

地对空导弹是从地面发射,专门用来攻击空中目标,对付敌方的飞机、巡航的导弹,又称防空导弹。

防空导弹的杰出代表是俄罗斯的"萨姆"导弹,它是苏联研制的一种早期导弹,经过几十年的研究、发展,有几十种型号,可以分别在高空、中空、低空、超低空作战,击落敌人飞机、巡航导弹和其他空中目标。

地对空导弹的首次战斗发生于1959年10月7日,中国空军导弹部队首次击落美制高空侦察机,创造了空战史上的世界纪录。创造这一纪录的是苏制防空导弹"萨姆-2",弹长10.89米,发射质量2 163

千克,战斗部内装烈性炸药135千克,用无线电指令制导,配用无线电近炸引信。它是苏联研制的第一代防空导弹,用于对付高空轰炸机、侦察机。

1959年10月1日国庆大典,为应付不测,在距天安门广场几十千米以外的地空导弹阵地上,"萨姆-2"导弹严阵以待。10月1日、2日、3日,北京上空平安无事。10月7日是星期日,国民党空军的"RB-57D"高空侦察机从台湾基地起飞,进入大陆领空。福建前线雷达兵发现了敌机,空军导弹部队指挥员接到报告后,向北京地区导弹部队下达命令:做好战斗准备! 当日11时30分,导弹二营的雷达发现敌机。在距离目标60千米时,导弹二营营长下达发射导弹命令。

"轰! 轰! 轰!"三声巨响,3枚导弹全部命中,美制"RB-57D"高空侦察机凌空爆炸。这是地空导弹问世以来,第一次在实战中击落空中战机的纪录,是我空军导弹部队创造了这个世界纪录。其后,我空军

"萨姆-2"导弹在发射

导弹部队又在1962年9月9日，用苏制"萨姆-2"防空导弹击落了国民党的美制"U-2"高空侦察机。到了20世纪60年代，苏制"萨姆"防空导弹在越南战场上，参战一个月，就击落一百多架美军战机，使美国空军招架不住。

为提高防空作战能力，苏联又研制了第二代防空导弹"萨姆-3"，用于要地防空和野战防空，随后，又研制了"萨姆-4"、"萨姆-5"、"萨姆-6"、"萨姆-7"、"萨姆-9"、"萨姆-10"、"萨姆-13"等防空导弹。在北约对南联盟空袭中，南联盟空军用"萨姆"防空导弹抗击北约战机、巡航导弹，击落了包括隐形战斗机在内的多架北约战机及无人机。

"飞鱼"吃巨舰

1982年英阿马岛战争中，两支实力悬殊的军队在南大西洋马岛海域进行了较量。阿根廷海军用"飞鱼"导弹击沉英国驱逐舰"谢菲尔德"号，还攻击了英国航空母舰"无敌"号，使英国上下受到震动。"飞鱼"导弹虽然没有改变马岛战争结局，但它创造的战绩，使得它声名大振。

"飞鱼"导弹是法国制造的一种反舰导弹，有舰载型、机载型、潜载型三种。最先研制成的舰载型"飞鱼"MM38导弹，弹长5.21米，射程42千米。马岛海战中击沉英国驱逐舰的是机载型"飞鱼"AM39导弹。

"飞鱼"导弹是一种性能优越的反舰导弹，它具有能低空飞行、全天候作战、攻击范围广、命中率高、战斗威力大等特点。机载型"飞鱼"AM39导弹可装备在攻击机、巡逻机、直升机上，是对舰作战利器。

1982年5月4日，南大西洋上空乌云密布。阿根廷海军的"5月25日"号航空母舰上停放着2架法制"超军旗"攻击机，舰员在一架长机上挂载"飞鱼"导弹。当天10时，阿海军得到发现英国驱逐舰情报，2架"超军旗"攻击机从航母上起飞。为保持隐蔽，飞机贴着海面飞行。

"飞鱼"导弹打中了"谢菲尔德"号

　　阿海军的2架战机悄悄地接近目标,在距目标46千米时,两架阿根廷战机双双拉起机头,上升到150米高度,同时打开机载雷达。

　　在阿根廷战机队长机的机载雷达屏幕上发现了目标,驾驶员迅速测定目标数据,输入导弹系统,不失时机地按下导弹发射按钮。"呼"一声,2枚"飞鱼"导弹像箭一般地飞了出去。顷刻间,一枚"飞鱼"导弹击中"谢菲尔德"号驱逐舰舰体中部,舰体上出现一个大洞,浓烟夹杂火舌从大洞中窜出,大火迅速向前舰蔓延,舰长下达了弃舰命令。烈火一直烧到下午5时,最后,引爆了弹药库,在震耳欲聋的爆炸声中,英国驱逐舰从海面消失。就这样,"飞鱼"导弹吃掉了"谢菲尔德"号。

"外科手术"的挖眼刀

　　现代战争中,雷达是指挥员的耳目,摧毁敌方雷达站和通信指挥枢纽是取得战争胜利的保证。开展电子战就是为了蒙蔽、摧毁敌方雷达站，破坏敌方通信指挥枢纽。现代电子战中有一匹黑马，它就是反辐射导弹，是电子战中的硬杀伤武器，用于摧毁敌方地面雷达站。

反辐射导弹是利用敌方电子装备所辐射的电磁波，进行被动式制导，自动跟踪目标，直至摧毁目标。常见的反辐射导弹属于战术导弹，以空对地导弹为多，也有空对空导弹、空对地导弹，具有作用距离远、隐蔽性好、命中精度高等特点，能在敌方防空火力之外实施导弹攻击，主要用于为己方战机突防和空战扫清障碍，对敌方进行"挖眼"战术，使敌人成为瞎子。所以，反辐射导弹被称为"外科手术刀"。

美国最早研制、发展反辐射导弹，随后，苏联、英国、法国也相继研制成功多种反辐射导弹，如美国的"哈姆"导弹、"百舌鸟"导弹，法国的"阿玛诗"导弹。

1982年6月，叙利亚和以色列空军在黎巴嫩东部的贝卡谷地，展开一场大规模空袭战。叙利亚在黎巴嫩驻扎有几万军队，还在贝卡谷地部署了"萨姆-6"防空导弹。以色列空军派出由无人机组成的敢死队，它们在叙利亚导弹阵地上空进行空中侦察和挑衅，叙军雷达开机，盯住了以色列战机，"萨姆-6"导弹开始发射。一枚枚导弹击落了一架架敌

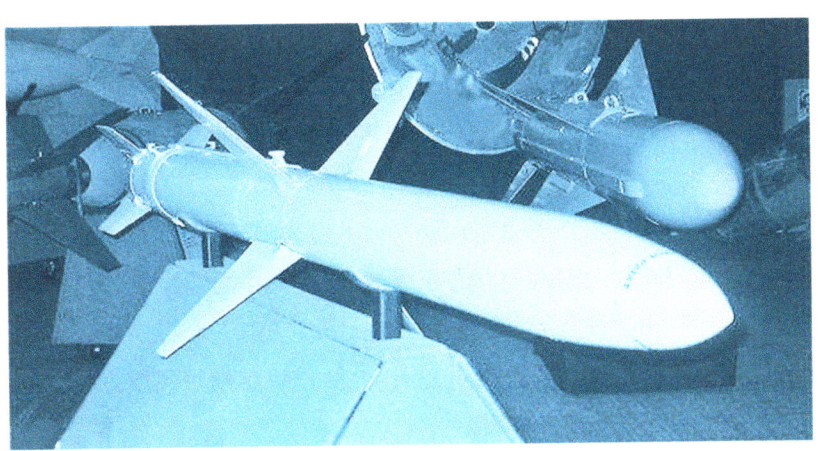

"百舌鸟"反辐射导弹

机。但是，被导弹击落的是以色列无人机，叙军中计，暴露了雷达阵地。无人机把截获的无线电信号传送给以军的预警机，预警机又把无线电信号传送给以军的战斗机。以空军的F-4战斗机沿着"萨姆-6"导弹的制导雷达波束，发射了"百舌鸟"反辐射导弹，摧毁了"萨姆-6"导弹的制导雷达，导弹的眼睛被打瞎了。此时，以色列的战斗机、轰炸机一齐飞来，用导弹、炸弹、火箭弹对叙军导弹阵地轮番攻击，使得叙利亚的200多枚"萨姆-6"导弹在6分钟内被摧毁。

1986年4月，美国的几十架战机对利比亚进行空袭，发射了几十枚反辐射导弹，使得利比亚的雷达站受到致命打击，防空系统瘫痪，致使利比亚的5个重要军事目标被摧毁，反辐射导弹再次逞威。

1991年海湾战争中，多国部队出动电子战机1 000多架次，发射600多枚反辐射导弹，95%的伊军雷达站被摧毁，通信指挥系统完全瘫痪，使得多国部队的飞机可以在巴格达上空毫无顾忌地狂轰滥炸。

"爱国者"对战"飞毛腿"

海湾战争中，伊拉克的"飞毛腿"导弹与美国的"爱国者"导弹在空中进行了较量。令人生畏的"飞毛腿"导弹被美国的"爱国者"导弹所拦截，折戟沉沙。

"飞毛腿"导弹是苏制的一种地对地导弹，以液体火箭发动机为动力，弹体细长，它分A、B两种类型，伊军装备的是"飞毛腿B"，弹长11.16米，弹径0.88米，发射质量6 300千克，杀伤半径为150米，射程300千米。伊拉克对该型导弹进行了改进，制造了两型导弹：一种是射程为640千米的"侯赛因"式，另一种是射程为850千米的"阿巴斯"式。它们均属于地对地弹道导弹，导弹升空后，按设定程序飞行，由于其轨道是确定的，易被测定和拦截。

在两伊战争中,伊拉克军队曾用"飞毛腿"导弹袭击了伊朗的一些城市,伊朗首都德黑兰居民害怕导弹袭击,躲到了乡下。伊拉克入侵科威特后,便在科威特境内部署了"飞毛腿"导弹。1991年1月18日,伊军向以色列发射了7枚"飞毛腿"导弹;1月19日又发射了4枚。其后,伊军又向沙特境内发射20枚"飞毛腿"导弹。虽然伤亡不大,影响却很大。沙特首都几十万人逃往外地,连沙特王室人员也迁外地避难。

对于伊军"飞毛腿"导弹袭击,美军作了准备。美军在沙特境内部署了"爱国者"导弹。"爱国者"导弹是一种防空导弹,这是一种先进的全天候、全空域防空导弹,弹长5.31米,弹径0.41米,发射质量1 000千克,射程80千米,攻击高度300~24 000米。它安装在4联装矩形发射筒内,发射筒装在导弹发射车上,可在陆地机动,也可装在舰船上运输或用运输机进行空运,快速运到战场。"爱国者"导弹采用三段复合制导:初始段程序控制、中段无线电指令制导、末段雷达寻的与无线电指令相结合制导。

1991年1月20日,美国侦察卫星发现伊军"飞毛腿"导弹准备发射,信

"爱国者"导弹在发射

息传送到部署在沙特境内的"爱国者"导弹阵地上，立即进行了发射准备。美军导弹阵地上的搜索雷达发现了目标。"飞毛腿"导弹越来越近，进入"爱国者"导弹射程内。一声令下，2枚导弹同时升空，"爱国者"导弹命中了目标，同归于尽，首次拦截"飞毛腿"导弹获得成功。

在海湾战争期间，伊拉克共发射80枚"飞毛腿"导弹，其中有50枚被"爱国者"导弹所拦截。为此，"爱国者"导弹成了海湾战争明星，出尽风头。

决胜千里的"战斧"

1998年12月17日凌晨，这是伊拉克首都巴格达最为宁静的时刻。突然，城市上空火光冲天，爆炸声撕裂了巴格达宁静夜空。这是美、英对伊拉克发动的代号"沙漠之狐"军事行动的首次攻击。空袭持续了两个多小时，空袭巴格达的是美、英军队的巡航导弹，其中大多是"战斧"巡航导弹，它是"沙漠之狐"的利剑。

"战斧"导弹是美国研制的一种先进的巡航导弹，它是一种利用空气动力飞行的带翼导弹。弹体呈细长形，由战斗部、动力装置、制导系统、弹翼和尾翼所组成。它的战斗部有两种类型：一种是常规弹头，装的是烈性炸药；另一种是核弹头，装的是核炸药。动力装置为涡轮式航空发动机，有的还装有固体火箭助推器。制导系统用于控制飞行，弹体上除了装备有惯性导航和地形匹配控制系统外，还装备数字式影像匹配区域相关器。这三种不同的控制系统，使"战斧"导弹能于千里之外，飞向目标区域，找到要攻击的目标，精确瞄准，进行导弹攻击。

"战斧"导弹有三种类型：潜射型核攻击导弹，舰射型对舰导弹，潜射、舰射对陆常规攻击导弹。"沙漠之狐"军事行动中发射的便是对陆常规攻击导弹，它可从潜艇、水面军舰上发射，也可从地面、飞机上发射。

"战斧"导弹问世后,参加多次导弹战,有骄人战绩。1991年1月17日,多国部队发起的"沙漠风暴"军事行动,就是由美国巡洋舰发射的"战斧"导弹首先打响的。在最初24小时战斗中,多国部队的7艘战舰共发射了116枚"战斧"导弹。在1998年的"沙漠之狐"军事行动中,美、英共发射500枚巡航导弹,其中许多是"战斧"导弹。在20世纪之末的科索沃战争中,北约军队发射"战斧"导弹,对南联盟的军事目标和公共设施进行了袭击。在2003年伊拉克战争中,美、英军队发射大量"战斧"导弹,对伊拉克进行"斩首行动",精确地命中了要攻击的军事目标。

美国巡洋舰在发射"战斧"导弹

潘多拉魔盒中的恶魔

希腊神话中有这样一个故事：宙斯天王让美女潘多拉带给厄庇米修斯一只魔盒。潘多拉出于好奇打开了魔盒，盒子中的疾病、罪恶、战争、瘟疫、灾难等祸患一齐跑了出来，从此人间有了各种灾祸。潘多拉魔盒被用来比喻灾祸的来源。

核弹是潘多拉魔盒中的一个恶魔，这个恶魔来到世界，用于战争，给人类带来了深重的灾难。

打开潘多拉魔盒

核弹是各种核武器的统称，是利用原子核反应释放的能量，起到大规模杀伤作用的武器。最早出现的核弹是原子弹，它是第一代核武器，是利用高能炸药的爆炸力使重元素铀或钚的原子核发生裂变反应，释放原子核能，起到杀伤破坏作用。

原子弹爆炸是在百万分之一秒时间内完成原子核反应，释放巨大原子核能。科学家为了寻找释放原子核能的方法，花了近半个世纪的时间，才发现可通过链式裂变反应释放原子核能，找到了打开潘多拉魔盒的钥匙。

德国是最早从事原子弹研究的国家。1939年，德国原子弹研制计划——V计划启动，几位由欧洲移居美国的科学家对此十分忧虑，于是由爱因斯坦出面，给当时的美国总统罗斯福写信，建议美国研制原子弹。罗斯福采纳了爱因斯坦的建议，代号为"曼哈顿工程"的美国原子弹计划正式实施。

"曼哈顿工程"的总设计师是物理学家奥本海默，在美国众多科学家的支持、参与下，原子弹的研制工作进展迅速。1944年3月，美国原子弹研制工作接近尾声，而德国原子弹计划未取得重大进展。

实施"曼哈顿工程"的原子弹制造工厂

1945年7月16日，在美国新墨西哥州核武器试验场进行第一次核爆炸试验。当物理学家班布里奇合上主开关时，一道炫目的白光闪过后，天空中升起一个火球，火球越来越大，伴随不断的巨响，天空中出现一朵巨大蘑菇云。在核爆炸的中心区域，温度高达几千万摄氏度，中心区域压力达到一亿个大气压。

火球的亮度比一千个太阳还亮。核武器试验获得成功，潘多拉魔盒就这样被科学家打开了！

广岛上空的蘑菇云

美国核爆炸试验成功后，就开始组装能实战的原子弹。美军的一艘巡洋舰秘密运载了原子弹外壳和核装药，从旧金山驶往太平洋中的提尼安岛，在那里由军械专家进行原子弹组装。

与此同时，美国国防部与国务院代表、原子弹专家在进行秘密会议，研究空投原子弹的具体问题。被挑选来执行原子弹空投任务的美军第509混合大队进行了高空原子弹投弹训练。1945年8月2日，当时的美国总统杜鲁门下达了向日本投掷原子弹的命令。

1945年8月6日清晨,一架大型轰炸机B-29沿着日本本州东南海岸线,悄悄飞入广岛上空。8时15分,机上的炸弹舱打开,代号为"小男孩"的原子弹被投掷了下去,原子弹在580米上空爆炸。

伴随不断的巨响,一个炫目的火球冲上天空,火球迅速扩大,火球闪射出的强光,刺得使人睁不开眼,火球颜色在变幻,先白色,后粉红,再蓝色。火球发出30万摄氏度高热,把地面的金属、岩石熔化。刹那间,火球变成蘑菇云。蘑菇云笼罩着广岛上空。一股股骇人的冲击波把离爆心3千米内的建筑物摧毁殆尽。"小男孩"原子弹爆炸产生的冲击波、光热辐射、核辐射、放射性污染,使10万人丧生。广岛成了一片火海,城市化成一片焦土,全市60%建筑物被毁。

8月9日上午,日本另一座城市长崎也遭到原子弹袭击,B-29轰炸机投下了代号为"胖子"的原子弹。一阵闪电后,涌起了蘑菇云,

原子弹在长崎上空爆炸产生的蘑菇云

繁华的城市顷刻变成一片焦土，尸横遍野，几万人丧生，上万座建筑物被毁。

广岛、长崎上空爆炸的原子弹威力只有2万吨TNT当量，已经造成几十万人死伤，从潘多拉魔盒中放出来的恶魔——核弹，给日本人民带来巨大灾难。这是人类历史上第一次将核武器应用于战争。原子弹的巨大威力震惊了全世界。从此，原子弹成了悬在人们头上的"达摩克利斯之剑"，让人坐立不安。

现在，不仅美国拥有原子弹，俄罗斯、英国、法国、中国及其他一些国家也拥有原子弹，发展核武器。

插上翅膀的原子弹

自从美国第一颗原子弹爆炸以后，核武器发展迅速。首先，原子弹的爆炸方式发生了变化，除了高空爆炸外，还有低空爆炸，地下和水下爆炸。同时，原子弹除了用作航空炸弹，由飞机投掷外，也可与其他武器结合，成为威力巨大的战略核武器和战术核武器，有核导弹、核炮弹、核地雷、核鱼雷、核水雷、核深水炸弹等多种。

原子弹制成弹头装在导弹上，成为核导弹。核导弹有多种，原子弹弹头和远程导弹相结合，成为威力强大的战略洲际导弹。如美国的"大力神Ⅳ"和苏联的"SS-24"洲际导弹，前者带1个1000万吨TNT当量核弹头，后者带10个35万吨TNT当量分导式核弹头。

战略洲际导弹的核弹头由覆盖有防热层的壳体、复杂的核装置、可靠的引爆装置所组成。为了增加洲际导弹的射程及隐蔽性，核导弹的外形尺寸和质量趋于小型化。更为重要的是提高核导弹的精度，这有利于核导弹的小型化，可将威力降至几十万吨、几万吨TNT当量，导致了多弹头核导弹的出现。

多弹头核导弹一次可同时攻击多个目标，而且每个小弹头都带有

美国洲际导弹发射井

各自的高精度制导系统,大大提高了命中率,可用来对付空中高速飞行的弹道导弹。作为进攻性战略武器的洲际核导弹面对空中电子干扰和雷达网的监视及反弹道导弹攻击,正向着小型化、隐形化发展,做到既可攻,又可守。

原子弹弹头制成炮弹,成为核炮弹,可通过远程火炮发射,大大提高了火炮的战斗威力。1991年海湾战争及1994年波黑战争、1999年科索沃战争中,美军都使用了贫铀弹。

贫铀弹是用贫铀合金做弹芯的炮弹和炸弹,可由火炮发射或飞机投掷,用于对付坦克等装甲目标。贫铀是一种铀含量比天燃铀更低的铀,是一种核废料,用它制成的炮弹,穿透性强,破坏力大,贫铀受冲击后,蒸发成可燃气体,会引爆附近弹药、燃料。虽然,贫铀弹不发生核爆炸,但是贫铀中含有天然铀氧化物,会产生核辐射,破坏人类生态环境。

原子弹弹头也可制成地雷、鱼雷、水雷、深水炸弹,成为核地雷、核鱼雷、核水雷、核深水炸弹这些小当量核武器。小当量核武器是一种爆炸威力相对较小的战术核武器。美国曾经研制了20 000多件小当量核武器,冷战结束后,美国进行了缩减,但仍保留了3 000枚核导弹和1 000枚核炸弹。

西边升起的"太阳"

1954年3月1日,一艘日本渔船在太平洋比基尼岛附近的海面上进行捕捞作业。船员久保山爱吉看见西边升起一个巨大火球,他大声惊呼:"看,西边升起一轮太阳!"船员们果然看见西面升起一个比太阳还亮的火球,把西边的天空都染红了。船员们正看得有趣时,一声巨响,"太阳"消失了。一会,天空中飘落下许多粉末,甲板上落了厚厚一层。

船员们看见的"太阳"是美国进行的一次氢弹试验形成的火球。目睹氢弹试验并不幸运,就在回程途中,一些船员头发脱落,另一些船员面部溃烂。日本渔船一靠岸,受伤的船员就被送进医院救治。半年后,第一个看见西边出太阳奇观的久保山爱吉被夺去了生命,成为美国氢弹试验的受害者。

氢弹是一种威力巨大的核武器,属于第二代核武器,它利用氢的同位素氘和氚发生原子核聚变反应,释放原子核能,所以称"氢弹"。由于聚变反应是利用裂变物质爆炸产生的高温来引爆的,所以,这种核武器又称"热核武器"。

研制氢弹的设想最早是由物理学家泰勒提出的。"二战"后,泰勒领导一个研究小组从事"我的宝贝"超级炸弹研制。1949年8月,苏联研制的原子弹爆炸成功。美国为了保持核优势,杜鲁门总统下达研究、制造氢弹的命令。1951年5月1日,美国在恩尼威托克珊瑚

氢弹爆炸产生的蘑菇云

岛上成功地进行了第一次氢弹试验。这是一次氢弹原理试验,爆炸装置不能带上飞机,不能用于实战。在比基尼岛上进行试验的氢弹是可以用于实战的,其威力为1 500万吨TNT当量。

氢弹爆炸释放的原子核能要比原子弹大上百倍,爆炸威力从几百万吨到上千万吨TNT当量,所以战斗威力巨大,一颗氢弹爆炸足够毁灭一座大城市。

在比基尼岛进行氢弹试验后,又经过5年努力,美国解决了"两弹"结合,即实现了将氢弹头装在洲际导弹上,使氢弹不仅能用轰炸机投掷,还能用导弹发射。装有氢弹头的洲际导弹威力巨大,爆炸威力达到几百万吨、几千万吨TNT当量,是一种大规模杀伤性武器,属于战略武器之列,具有威慑力量。

1961年1月,美军的一架携带有2枚氢弹的B-52轰炸机在美国境内坠落,引起巨大恐慌。幸亏机上氢弹的六道联锁未完全打开,才使氢弹安然无恙。

并不干净的中子弹

人们把核武器称为肮脏的武器,核爆炸产生的光辐射、冲击波、核辐射和放射性沾染有巨大破坏作用。特别是放射性沾染,会长期危害人们,使人们不得安宁。为此,有人提出要研制"干净核武器"。

所谓"干净核武器",是一种改进型核武器,有中子弹、冲击波弹、电磁脉冲弹等。这些"干净核武器"产生的放射性沾染很少,其中最引人注目的是中子弹。中子弹是以高能中子辐射起到杀伤作用。

中子弹实际是一种超小型氢弹,它的弹体上部是一颗微型原子弹,即引爆装置,其中心是一个钚球;弹体下部是储氘器,储有氘和氚,其周围是聚苯乙烯。当微型原子弹引爆时,使钚球受到巨大压力,达到超临界状态而起爆,产生大量γ射线、X射线和超高压气体。储氘器周围聚苯乙烯吸收γ射线、X射线,变成高能等离子体。此时,储氘器中的氘和氚发生核聚变反应,释放大量高能中子。高能中子打中钚球,又会产生中子。这样中子弹爆炸能产生大量高能中子,核辐射威力大大增加,而其体积却很小。

美国最先研制成中子弹,1962年,就进行了中子弹爆炸试验。1981年,美国生产了两种规格的中子弹,一种装在战术导弹上,另一种装在榴弹炮炮弹上。

一颗中子弹的核辐射威力大约是普通原子弹的10~20倍,而其产生的冲击波、光辐射、放射性沾染只有普通原子弹的十分之一。正因为中子弹污染范围小,才被称为"干净核武器"。中子弹产生的大量高能中子具有很强的穿透力,能有效杀伤坦克、装甲车里的乘员及地堡、工事、建筑物里的军事人员,而对坦克、装甲车、建筑物又不起破坏作用,真可谓"杀人掠货",一举两得,怪不得中子弹受到一些军事大国的欢迎。其实,中子弹爆炸也会产生冲击波、光辐射、放射性沾染,只是杀伤力和污染范围小些,但它对人员杀伤作用大大

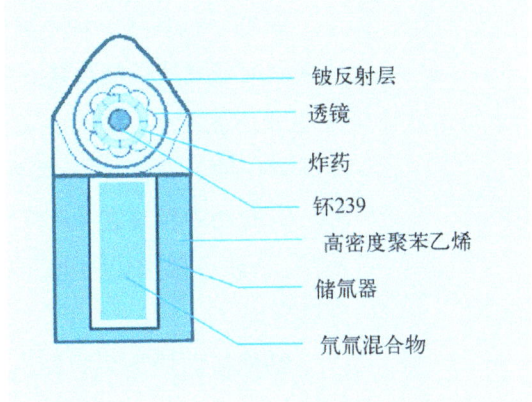

中子弹构造

增强。由此可见,中子弹并不干净!

对于这种并不干净的核武器——中子弹,人们可不能掉以轻心!

令人担忧的新核武器

美国不准朝鲜、伊朗、叙利亚等国家发展核武器,自己却在大力发展核武器。美国不仅拥有大规模杀伤性核武器,并且还在积极研制新一代核武器。

智能小核弹是一种小当量核武器。美国研制的一种智能小核弹是由潜射导弹战斗部改装而成的,在核炸弹上装有智能系统,它能钻入地下18米深的目标中心处,引爆核弹头,产生核爆炸。这种智能小核弹在地下爆炸,产生强烈冲击波,能摧毁地下军事设施和重要目标。它的命中精度在3米范围内,能摧毁300米深处地下坚固目标。虽然,智能小核弹威力小,但它爆炸时仍会产生大面积放射性污染,污染环境。

钻地核炸弹是另一种小当量核武器。自从"9·11"事件后,美

美国研制的钻地核炸弹

国研制了新型小当量核武器——钻地核炸弹。其弹长3.7米，发射质量500千克，能穿透7米厚的钢筋混凝土或40米厚的土层，用于摧毁地下目标，实施"外科手术式"打击。美国还在研制威力更强的"增强钻地核炸弹"。

在研制中的新一代核武器中，有一种所谓准核武器或第四代核武器，它们是一种新概念核武器，正处在设想和原理试验阶段。

γ射线炸弹，是介于核武器与常规武器之间的所谓准核武器。它是让某些放射性元素在极短时间内衰变，释放大量γ射线，利用γ射线照射到敌方目标上，使其自爆。γ射线弹爆炸不会造成大量的放射性尘埃，但其杀伤力要比常规炸弹强千倍。γ射线炸弹可作为太空武器，用于对付在太空中穿行的飞行器，如军用卫星。

质子炸弹，这是美国空军实验室正在秘密研制的一种新概念核武器。计划利用极少量物质与反物质相互作用，释放巨大核能，所以它又称"反物质炸弹"，用于毁灭敌方目标。由于质子炸弹爆炸没有核污染，故称"干净的核武器"。

更使人担忧的是一些恐怖组织也在试图掌握核武器。美国特工人员曾在阿富汗一处简陋小屋里，发现基地组织在研制"脏弹"的证据。所谓"脏弹"，实际是一种简易核炮弹，在炮弹弹体内装入具有强烈放射性的粉末，而这些放射性粉末是由核反应堆产生的废料碾磨而成的。"脏弹"可以制成炮弹，也可制成炸弹。它爆炸后不会产生强大的冲击波、光辐射，而是向四周辐射看不见的射线，造成大面积放射性污染，能长期产生伤害作用。

军用卫星的克星

在海湾战争和伊拉克战争中,美国军用卫星立下赫赫战功,为多国部队提供了准确的军事情报,且一颗也没有损失,也没有一颗受到攻击。因为,伊拉克军队没有能对付高空军用卫星的武器。

军用卫星不是没有对手,随着高科技的发展,也诞生了一批军用卫星杀手,它们虎视眈眈地盯住了军用卫星。在未来战争中,军用卫星将成为太空中被攻击的目标。

军用卫星失明之谜

1975年11月,美国2颗军用卫星在苏联西伯利亚导弹发射场上空进行军事侦察,忽然,从地面上闪射出几道强烈亮光,这2颗军用卫星立即失明,失去效用。

军用卫星为什么会失明?

原来,苏联地面部队使用一种反卫星激光武器,它发射的高能激光束使美国军用卫星失明。

反卫星激光武器是一种远程激光武器,可以从地面上发射,也可以从飞机上、卫星上发射,使美国军用卫星失明的激光束是苏军从地面上发射的。它是利用激光瞬间能量,摧毁太空中的军用卫星。

反卫星激光武器发射的激光束,辐射强度高,聚焦力强,能在空间、时间上将能量高度集中,具有杀伤破坏作用。它的主要杀伤作用是热效应,即利用高温烧毁或重创太空中的军用卫星。激光束也有一定的冲击效应,使卫星上的零部件损坏或者偏离轨道。

反卫星激光武器可以安装在飞机、军舰或地面,还可以安装在军用卫星上。它发射的炮弹称"光弹",即激光束,它以光的速度行进,光弹要比炮弹、导弹的速度快得多,可以瞬间击中目标,不需要提前量。由于激光束方向性好,瞄到那里,打向那里。还由于反卫星激光武器发射的光弹质量为零,射击时没有反作用力,不会发生后座,不会影响命中率,能进行精确地瞄准、射击。

天基反卫星激光武器想象图

反卫星激光武器发射的激光束,辐射强度高,聚焦力强,能在空间、时间上将能量高度集中,具有杀伤破坏作用。它的主要杀伤作用是热效应,即利用高温烧毁或重创太空中的军用卫星。激光束也有一定的冲击效应,使卫星上的零部件损坏或者偏离轨道。

激光打卫星试验

1997年10月17日,位于美国新墨西哥州的导弹试验场戒备森严,激光射击准备就绪。军方的试验人员一个个神情紧张,这是一次激光打卫星试验。

到了预定时刻,美国的一颗报废的军用气象卫星运行到了预定位置。布置在导弹试验场上的地面化学激光发射装置向卫星发射了激光束,照射时间为1秒钟。接着,激光发射装置再次向卫星发射了激光束,照射时间为10秒钟。太空中的军用气象卫星接收到了地面激光发射装置发射的激光束,并通过遥测系统将激光命中目标的信息发回地面。

于是,在同年10月20日,美国国防部宣布用激光射击卫星获得成功,这表明反卫星激光武器成为军用卫星的杀手。

太空中有许多军用卫星,用于高空侦察。军用卫星种类很多,形形色色的军用卫星自然会成为未来战争中的攻击目标。攻击军用卫星的武器和方法多种多样,其中最吸引人们视线的还是反卫星激光武器。

美国在反卫星激光武器方面,除了地面化学激光发射装置外,还研制一种机载激光系统,它由一架改装的波音-747携带强力激光和激光瞄准仪组成,它能在10~20秒之内摧毁来袭导弹,也能摧毁低轨道卫星。

除了美国在研制、发展反卫星激光武器外,其他国家也有这方面的研究。20世纪80年代末,日本启动了一项能运用到弹道导弹防御系

研制中的反卫星激光武器

统上的先进技术项目，其中就有反卫星激光武器。日本在激光武器项目上的投入比任何一个国家都大，超过4 000名科学家、工程师和6家科研机构与试验场都投入这一项目的研发。如果技术被证明可行的话，那么日本还打算部署天基激光防御武器。这些系统都可以用于打对方的卫星。

日本除了发展反卫星激光武器外，还在研制反卫星微波武器。从2000年起，日本就进行用高能微波打击敌方卫星的试验。反卫星微波武器就是向敌方卫星发射高能微波，从而摧毁其重要的电子零部件，导致卫星失灵。自然，日本激光武器要攻击的目标卫星是路人皆知的，对此，有关国家不得不防备。

导弹怎样打卫星

2008年2月15日，美国官员向裁军谈判会议成员国通报击毁故障间谍卫星计划，引起了世人的关注。2月21日，美国五角大楼宣布，美发射导弹已摧毁了失控的间谍卫星，卫星碎片将散落在大西洋以及太平洋海域，美军用导弹打卫星成了当时国际上的热门话题。

导弹怎样打卫星呢？

先来看看美国的导弹防御系统，美国有三种导弹防御系统，它们是陆基中程导弹防御系统、舰基"宙斯盾"战区导弹防御系统、机载激光反导弹系统。另外，正在研发天基导弹防御系统的反卫星能力。

打卫星的导弹是美国舰基"宙斯盾"战区导弹防御系统发射的。美国海军从其位于太平洋北部海域的宙斯盾巡洋舰"埃里湖"号上，发射了一枚"标准三型"导弹，击中了在太平洋上空208千米的一颗美国失控间谍卫星。

为了完成导弹拦截失控卫星任务，美国共改造了三枚"标准三型"舰空导弹。这三枚不携带弹头的导弹，都可以通过迎面撞击的方式摧毁太空中的失效卫星。同时，这些导弹的红外引导系统也进行了相应的改造，以适应拦截"不发热"卫星目标的需要。据悉，美军在拦截任务取得成功后，剩下的两枚导弹被"改回原形"，继续充当美军"弹道导弹终结者"的角色。

美军为什么要用导弹打卫星，据美国自己宣称，这颗代号为"美国193"号的失控卫星，是颗间谍卫星，有两吨多，一辆小公共汽车大小。它从2006年12月刚刚发生升空后就"报废"，因此卫星上携带的数千千克整箱燃料原封未动。一旦任由卫星自由坠落，这个燃料箱肯定不能被完全烧毁，大量残余有毒燃料将抛洒在约两个足球场大小的地面上，给现场附近人员的身体健康造成严重威胁。白宫表示，为防卫星有毒燃料污染环境，美国决定击落这颗"毒星"。

一些专家认为，即便这颗"毒星"自行坠落，它携带的有毒燃料泼洒面积也将远远小于2003年美国"哥伦比亚"号航天飞机爆炸解体后产生的残骸，不会对人类造成多少实际影响。因此，美国导弹打卫星的真实目的引起了各方广泛质疑。外界普遍认为，美国这次导弹打卫

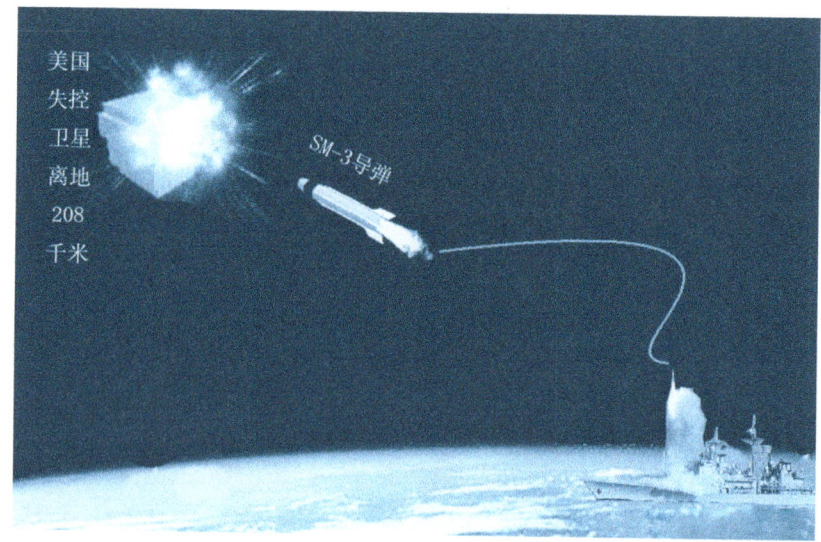

美国导弹击中失控卫星示意图

星行动就是打着"环保"的幌子测试其反卫星武器，使美军的国家导弹防御系统更完善，具有摧毁敌方军用卫星的能力。同时，这颗失控卫星上安装有先进设备，一旦坠落到美国竞争对手的领土上，可能会对美国的国家安全构成威胁。为此，美军才决定将其彻底摧毁。

根据美军的安排，这枚"标准三型"导弹所瞄准的目标并非是卫星本身，而是卫星上携带的燃料箱。与卫星相比，燃料箱体积更小，无法确认其是否被导弹彻底摧毁了。美方称，如果燃料箱未能被彻底摧毁，仍有可能在坠入大气层后因无法完全烧毁而危害人类健康。所以无法排除有毒物质坠落地面的可能，"毒星"的危害没有完全排除。

中国反卫星试验

2007年1月11日，中国进行了一次反卫星导弹试验。反卫星导弹试验是在西昌卫星发射中心进行的，该发射中心成功地发射了一枚"开拓者一号"系列火箭。火箭上携带动能弹头，以反方向8千米/秒的速度，击毁了轨道高度863千米、质量750千克的本国已报废的气象卫星"风云一号C"。

2007年1月23日，中国外交部正式宣布了该次反卫星导弹试验，并申明在事前已经就该试验通知包括美国和日本在内的其他国家，并强调"中国原则上主张和平利用太空，反对太空武器化，亦从不参与太空武器竞赛"。

事实上，中国长期以来一直支持禁止空间武器。在2001年的日内瓦军缩会议上，中国曾提出反对太空军事化的议案。但该议案中包含禁止反卫星武器的条款，却遭到了美国政府的反对而未获通过。

曾有海外媒体报道，中国还进行一项"捕抓"卫星的太空实验，以一颗卫星"捕抓"另一颗卫星。美国军事分析家表示，这种不产生太空碎片的攻击方式，可以近距离监视或破坏美国卫星，为此，美国军事专家认为这是一种战略威胁,意味着中国发出攻击美国高轨道军事通信和导航卫星的信号。

这种报道和分析是捕风捉影的。所谓中国进行一项"捕抓"卫星的太空实验,据《中国航天报》于2013年7月24日发布的消息,事实是这样的:中国发射三颗"科学实验"卫星,分别名为"创新三号"、"试验七号"及"实践十五号",它们是从太原卫星发射中心,以长征四号丙运载火箭搭载升空发射,进入太空轨道,用于"观测太空碎片与进行科学实验如太空机械臂操作"。

事实上,美国才是世界上唯一具备实战拦截卫星能力的国家,是美国人自己绷紧了神经,对中国正常的发射"科学实验"卫星理解为"中国军方很有可能将进行一次战略反卫星试验"。

太空里的"智能卵石"

在美国研究发展高新技术兵器的"星球大战"计划中,有一种叫作"智能卵石"的新武器,其体积只有热水瓶那么大,部署在外层空间,用于对付军用卫星。

所谓"智能卵石",实际是一种碰撞卫星,它通过运载火箭发射入卫星轨道,绕地球运行。当碰撞卫星运动到敌方军用卫星相同的轨道时,在制导系统引导下,向目标卫星靠近。在距目标卫星预定距离后,根据地面指挥部发

反卫星示意图

出的指令，引爆碰撞卫星战斗部，高速弹片飞向目标，击毁敌方军用卫星。

碰撞卫星是一种反卫星的卫星，可以专门发射，执行碰撞敌方军用卫星任务；也可以利用太空中废弃卫星，让它改变轨道，与敌方军用卫星相撞，击毁敌方卫星。

在20世纪80年代初期，苏联曾用大型运载火箭发射一颗碰撞卫星，3小时后进入轨道，与一颗目标卫星相撞，击毁了目标卫星。这引起美国军方注意，并在当时美国制定的"星球大战"计划中，提出了研制"智能卵石"。

尽管，美国"星球大战"计划没有实行，但是，该计划中的一些研究项目还是引起人们重视，"智能卵石"实际上是一种天基动能拦截弹。美国导弹防御局还是制定了试验天基动能拦截弹系统计划。在2011到2012年间，美国导弹防御局的天基试验台有了一个包括3～6颗卫星组成的星座，并投入经费，用于天基动能拦截弹的研制工作。

"智能卵石"系统设想图

太空里的"地雷"

20世纪80年代初，美苏两个超级大国的战略核武器数量和质量都处于均势，走入军备竞赛的死胡同。当时的美国总统里根提出了星球大战计划，这是一个以宇宙空间为主要基地，由全球监视、预警与识别系统、拦截系统以及指挥、控制和通信系统组成的多层次太空防御计划。

星球大战计划的主要目的在于利用美国的高新技术优势来消除苏联日益增长的核威胁。与此同时，加紧开拓太空工业化领域，以获取宇宙空间的丰富资源。在美国研究发展高新技术兵器的计划中，有一种叫作"太空雷"的新武器设想。它是由反卫星卫星衍生出的，也曾是美国研制的一种太空武器。苏联为对抗美国星球大战计划也曾提出发展"太空雷"新武器设想，认为它造价低廉，作用大。

卫星在轨道上运行速度极高，即使是极小的物体，也能对卫星产生极大的破坏力。为此，出现了太空雷的概念。太空雷实际是一种微卫星，设想的太空雷是一种轨道封锁武器，由爆炸装置、引信、遥控系统和动力系统等构成。太空雷由运载火箭发射入轨道，也可由飞机携带进入地球轨道。平时，部署在空间轨道上，可以执行军事侦察任务，还可以像陆战场地雷一

一种设想的太空雷

样，对敌方航天器形成一定的障碍。战时，当敌方军事航天器进入雷区时，太空雷通过自身引信或地面的指令来引爆，以爆炸形成的碎片击毁敌方航天器。

太空雷可以预先部署，也可以根据战时需要及敌方军用卫星运行特点，临时布设到敌方军用卫星运行轨道上，机动部署，用于摧毁敌方军用卫星。

太空雷的另一种方案是利用卫星携带大量的非机动小物体，在需要时从卫星释放出来，运行在地球轨道上，形成地球轨道封锁区。由于卫星和颗粒之间的相对速度高，所有经过的目标卫星都要遭到损害或毁坏。

利用太空雷可以在空间布设太空雷场，有进攻性雷场、防御性雷场和假雷场，其形式有点状、线状、面状、立体状。太空雷场对军用卫星构成巨大威胁，使得军用卫星不能在太空里无所顾忌。

由于苏联解体和美国星球大战计划的失效，太空雷、太空雷场只是一种设想，太空雷方案仅仅停留在实验室中，并没有实际部署，但是，太空雷还是可以作为反卫星武器的一种选择。由于太空雷造价低廉，作用大，所以它一旦部署，将会对轨道上的航天器造成灾难性的影响，后患无穷。

被禁闭的战场幽灵

人类历史上的第一次化学战出现于"一战"中,那是1915年4月22日,西线战场比利时境内伊普尔防线上,德军施放了氯气,这就是震惊世界的伊普尔之雾,它揭开了化学战的序幕。其后,世界上一度出现了化学武器竞赛,给世界人民带来深重灾难。生化武器也由此登上现代战争舞台,给世界人民留下阴森可怕的回忆。

现在,化学武器、生化武器已被国际条约所禁止,已经被禁闭起来。但是,这个战场幽灵阴魂不散,2013年8月,叙利亚战场上化学武器夺去了几千人生命。这使人们不得不提防被禁闭的战场幽灵再次出来害人。

伊普尔之雾

人类很早就认识了有毒物质,很早就知道利用有毒物质作为武器。16世纪以后,有人开始研制化学武器。1654年,米兰人发明了一种能散发毒烟的火药,法国工程师将它装入手榴弹,出现了毒气手榴弹。后来,出现一种爆炸后能释放毒烟的炮弹。

1900年6月,八国联军攻打天津时,对义和团使用毒气弹,炸开后散发氯气,杀伤中国军民。早期毒气弹只能在小范围使用,杀伤作用不大。1914年初,德国人哈伯提出了大规模使用毒气战,即化学战设想,被德军采纳。经过几个月准备,实施化学战的钢瓶、液化装置、氯气从德国的钢铁厂、化工厂中生产出来。

1914年4月5日,德国工兵部队开始布设毒气钢瓶,20只钢瓶为一列,每千米阵地上布置50列。这样,在伊普尔战场德军阵地前,共布设毒气钢瓶5 730只，内装18万千克氯气，一切准备就绪。

德军在进行化学战之前，使出了"贼喊捉贼"的伎俩，德国的无线电广播严厉谴责英军在战场上使用毒气。这使英法联军对德军可能进行的化学战毫无防备。

4月22日下午，伊普尔战场的德军阵地前，升腾起一团团黄绿色烟雾。首先看见的法军士兵，以为是"欧洲特色风光"。其实，这是德军士兵打开毒气钢瓶，升腾起来的毒雾，在德军阵地前形成距地面一米高的浓密毒雾团，呈黄绿色。随着阵阵微风，浓密毒雾团飘向英法联军阵地。

几分钟后，几万名英法联军士兵淹没在一米多高的毒雾中。士兵们被氯气刺激得喘不过气来，眼睛痛得睁不开，喉咙像被火烫了似的。英法联军士兵奔跑着、尖叫着，有的则在地上打滚，英法联军阵地上一片恐怖。德军士兵戴着简易防毒面具冲了过来，几乎没有遇到抵抗便占领了英法联军阵地。

4月25日清晨，德军再次施放毒气，绿色的毒雾贴着地面，飘向协约国阵地，加拿大士兵经历了英法士兵同样的遭遇。伊普尔首次化学战，

伊普尔战场化学战

协约国方面15 000人中毒,其中5 000人死亡。协约国的军队坚守了数月的防线被德军轻易突破,化学战发挥了作用。

德军的毒气袭击激怒了英国,英国政府发出秘密指令,进行化学战报复的决议,英国的一些工厂进行了毒气钢瓶和氯气的生产,英军还组织了一支"特别旅",专门进行化学战。1915年5月26日,英军指挥部下达毒气袭击的命令。英军士兵打开了毒气钢瓶,氯气施放了出来。德军对化学战没有准备,不少德军士兵中毒倒下,幸存者也丧失了战斗力,成为英军俘虏。伊普尔毒气战和英军的还击标志着化学战成为"一战"中的一种战争样式。

化学武器竞赛

伊普尔毒气战后,战争的决策者、指挥者开始热衷化学战。战争促进了化学武器的发展,"一战"中出现了多种毒剂,除了氯气外,还出现光气、芥子气,一种比一种厉害,成为残害生灵的战场毒魔。

光气是一氧化碳与氯气在日光下合成,为无色气体,它能伤害人体呼吸器官,严重时导致人体死亡。1915年12月19日,德军发射装填光气的火箭弹。英军阵地上有1 000多人中毒,100多人死亡。在"一战"中,光气这种毒剂得到广泛应用,交战双方都使用了光气这种毒剂,使用量达到10万吨之多。

自从德军首开化学战以后,化学武器和防护器材也得到相应发展。用毒气钢瓶施放毒气,一不方便,二不安全。于是,出现了毒气炮弹,利用火炮发射。除了毒气炮弹外,英国人发明了一种毒剂抛射器,可以同时发射,能突然、准确地向敌方广大区域同时发送大量化学毒剂。

为了对抗化学战,防止毒气袭击,出现多种化学防护器材。最早出现的是防毒口罩,其后,出现了防毒面具、防毒头盔。化学防护器材的发展,使得毒气的伤害作用减弱。这样,通过呼吸道毒害人体的氯气、

"一战"中德军实施毒气战使英军伤亡惨重

光气的杀伤作用大大减弱。于是,液态毒剂芥子气登台亮相。

芥子气是一种液态糜烂性毒剂,侵入人体会引起全身中毒。"一战"中,德军首先制造、使用芥子气毒剂,制成毒剂弹。不同毒剂弹有不同代号,"黄十字"为糜烂性毒剂弹,"绿十字"为窒息性毒剂弹,"蓝十字"为喷嚏性毒剂弹。

1917年7月12日,灾难又降落到伊普尔战场的英军阵地上。德军向英军阵地发射大批芥子气毒剂弹,其后10天中,德军共发射100多万发"黄十字"毒剂弹,约有2 500吨芥子气。英军中毒人数15 000人,死亡500人。由于英军遭"黄十字"毒剂弹袭击,原定的进攻计划不得不推迟。

侵华战争中的化学战

"一战"后,日军开始化学战准备。20世纪30年代,日本有多家工厂能生产氯气。日本发动侵华战争后,加速了化学战剂生产,并成立了化学战部队,即关东军第516部队,在中国进行化学武器试验。"二战"

中，日军化学战部队装备的化学武器有毒剂抛射炮、迫击炮、布毒器、布毒车，配备的化学弹药有毒烟筒、毒剂手榴弹、毒剂炮弹、毒剂炸弹，使用的毒剂有光气、芥子气、路易氏气等多种。

1937年7月28日，日本陆军下达的作战命令中，准许日军在作战中使用毒剂。1938年4月6日，日军在进攻台儿庄的战斗中，受到中国军队打击，损失很大。日军为了报复，使用了化学武器。日军向台儿庄城内施放催泪毒剂。其后，日军多次向中国军队阵地施放毒气。

在华东战场上，日军多次进行化学战。1937年8月，日军空袭江苏江阴、浙江海宁，投下多枚毒剂炸弹。在淞沪战役中，日军多次发射毒剂炮弹，施放毒剂，使中国军民吃足日军化学战苦头。

在华北战场上，日军最大规模的一次化学战发生于晋南曲沃战役。1938年7月6日，日军向国民党军队阵地发射1 600发毒剂弹，并在进攻正面上施放7 000个毒剂筒，国民党军队被迫后撤，日军才突破中国军队的防线。7月7日，日军再次施放毒剂筒。晋南曲沃战役中，日军共发射2 197发毒剂弹，施放12 000个毒剂筒。日军在华北敌后战场上，常常用施放毒气来对付八路军和抗日军民。

日军炮兵戴着防毒面具发射毒气弹

日军在侵华战争初期使用化学战取得一定战果,于是,在侵华战争中后期,大量使用化学武器,化学战成为日军经常使用的一种战争样式。据统计,日军化学兵部队有8个联队,在炮兵、空军中都编有化学战勤务人员,炮兵弹药中25%是化学炮弹,航空炸弹中30%是化学炸弹。

1939年以后,日军在正面战场进行的多次战役中,都发动了较大规模的化学战。1939年的南昌战役中,日军发射化学炮弹3 000余发,施放毒剂筒15 000个,迫使国民党军队后退。其后的第一次长沙会战中,日军的4个炮兵联队对中国军队进行化学战,发射毒气弹,使日军顺利渡过新墙河;在第二次长沙会战中,日军又发射化学炮弹855发,施放毒剂筒3 000余个。

在敌后战场上,日军使用化学武器越来越广泛,越来越频繁。1942年,日军对抗日根据地进行大扫荡,实行"三光政策",频繁使用毒气,对付抗日军民。日军在长达8年的侵华战争中,对中国军民施毒2 000余次,致死、致伤9万余人,对中国人民犯下滔天罪行。

"白衣禽兽"的罪行

生物武器是生化武器的重要组成部分,用于杀人的细菌、病毒称为"生物战剂",用来进行生物战。"一战"中,德军最早进行生物武器研制,制造了一批生物战剂。"一战"中,德军间谍携带了生物战剂,秘密地赶到英法联军的骡马集中地,在骡马饲料中撒入生物战剂:马鼻疽杆菌,使几千匹骡马得病而死亡,影响了英法联军的军事活动。德军开创了生物战先例。

"一战"后,英国建立了生化武器研究基地,拟订了生物战计划。"二战"后英国加快了生化武器研制,设计、制造了一种生物炸弹,并秘密地进行了试验。英国原计划让重型轰炸机携带生物炸弹,对德国大城市进行生物炸弹袭击。幸亏盟军反攻顺利,德国大城市一个个落入盟军手里，才避免了一场生化武器大屠杀灾难。

在日本发动的侵华战争中，日本侵略者在中国战场上实施细菌战，对中国人民犯下累累罪行。

20世纪30年代，日本陆军就开始了细菌武器的研制。九一八事变后，日军占领中国东北，日军在哈尔滨南郊平房镇建造了细菌实验场，组建了细菌战部队——满洲731部队。在细菌实验场里，一群白衣禽兽用活人进行灭绝人性的细菌试验。这个细菌实验场成了当时世界上最大的细菌生产工厂，大量生产鼠疫、霍乱、炭疽等细菌，还研制了两种生物炸弹：瓷壳气雾弹和钢壳榴霰弹，弹体内装有细菌菌液。

除了满洲731部队外，日军还在中国东北、华中、华南等地设置细菌战部队和细菌战研究机关，如设在东北的关东军100部队、设在北平的1855部队、设在南京的"荣"字1644部队、设在广州的"波"字8604部队、设在长春的"大陆研究院"。这些细菌战部队和细菌战研究机关研究、制造细菌武器，用细菌武器进攻中国部队，屠杀中国人民。

侵华日军731部队遗址

1940年7月,日军满洲731部队和"荣"字1644部队派出飞机来到宁波投洒毒菌,共投下伤寒菌液70千克,霍乱菌液50千克及沾染鼠疫菌的跳蚤5千克。浙江是日军进行细菌战的重点地区,日军满洲731部队持续5个月,在浙江地区投下大量带菌毒物,使浙江地区流行鼠疫。1941年春天,日军满洲731部队又在湖南常德投下带有鼠疫菌的毒物,使鼠疫在常德地区流行,几千人丧生。在敌后抗日根据地,日军也积极进行细菌投毒活动。据不完全统计,八年抗战中,敌后抗日根据地因日军进行细菌战而得传染病的人数达到1 200万之多。

日军细菌战罪行罄竹难书,给中国人民带来深重灾难!

朝鲜战场细菌战

美国从1942年开始,在美军中设立生物战研究组织,开始研究、试验、制造生物战剂和生物武器。至1945年,美国建立了4个生物武器研

中朝军民反细菌战

究、试验、生产中心，使得美国武器库中储备了大量生物武器。

朝鲜战争爆发后，美军的"毒虫部队"来到朝鲜战场。朝鲜战争的首次细菌战发生于1950年12月，为掩护美军撤退，在平壤、江原道、黄海道等地区撒播了天花病毒。从1952年起，美军加大细菌战力度。同年1月28日，美军战机在中、朝阵地后方，撒播带有传染病细菌的毒虫。其后，美军又在铁原地区、平康地区、北汉江地区撒播大量苍蝇、蚊子、跳蚤、蜘蛛、蚱蜢等带有传染病细菌的昆虫，毒害当地军民。

美军不仅在朝鲜战场上进行细菌战，还派战机一再侵犯中国领空，侵入中国东北丹东、抚顺、凤城等地区撒播带细菌的昆虫，毒害中国人民。幸亏当地军民及时采取措施，未造成灾难。

美军在朝鲜战场及我国东北地区使用的细菌战剂有16种，能传染多种传染病。美军进行的细菌战中大量使用生物炸弹——四格弹，弹体内有四格，分别装入不同的带菌昆虫。美军进行细菌战引起中朝人民及世界上所有爱好和平的各国人民的愤慨，纷纷举行游行、集会，声讨美军细菌战罪行，细菌和细菌战成了过街老鼠，人人喊打。

秘密战线的生化战

生化武器不仅在战场上使用，还在秘密战线上得到应用。秘密战线的间谍、特工也使用生化武器，进行生化战。

秘密战线上最早使用生化武器的是英国情报机构，为了追杀德国盖世太保头子海德里希，英国情报机构组成"类人猿"行动小组。英国生物战专家向情报人员推荐用生物毒剂弹——X弹，该种毒剂弹是在反坦克手榴弹内装入肉毒杆菌毒素。1942年5月27日，"类人猿"行动小组潜伏在海德里希当天活动的必经之处，当盖世太保的车辆经过时，英国情报人员的X弹投掷了过去。"轰"一声，X弹炸开。海德里希受伤，肉毒杆菌毒素进入他的体内，结束了其罪恶一生。

毒伞枪

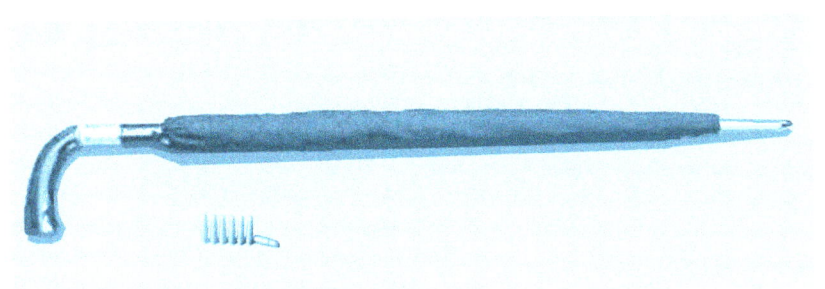

在冷战期间，苏联克格勃制造了一种刺杀工具——毒伞枪，它的外形像一把普通雨伞，伞柄和伞杆上装有枪管和发射装置。毒伞枪发射的毒弹直径2毫米，弹头尖端处含有剧毒的生物毒素——蓖麻毒素，它是从蓖麻种子中提炼出来的剧毒物质。当暗杀者扣动伞柄上的扳机，毒伞枪上的发射装置便利用气体力量，把小型毒弹发射出去。

克格勃利用毒伞枪刺杀叛逃人员。保加利亚叛逃人员马尔科夫来到西方后，在英国广播公司工作。一天，他在上班路上，大腿被人用伞扎了一下，当时没有在意。到办公室后，疼痛加剧，他觉得不对劲，于是把被伞扎一事告诉了同事。夜晚，马尔科夫开始发烧，血压降低，生命垂危，几天后便不治身亡。马尔科夫死后，伦敦警方发现在他大腿皮下，发现有一颗比大头针还小的金属弹丸，弹丸上有4个小孔。经化验，小孔内含有剧毒的蓖麻毒素，是克格勃的毒伞枪发射的毒弹使马尔科夫丧命。

苏联克格勃利用毒伞枪刺杀活动真相大白，伦敦警方想追寻凶手时，暗杀者早已逃之夭夭。只是从被刺杀者身上取出的毒弹，已作为秘密战线进行生物战的证据，保留在伦敦警方手中。

正是由于生化武器具有巨大的危害性，一些恐怖组织也想利用生化武器进行恐怖活动。日本的奥姆真理教首领麻原彰晃就想利用生化武器，制造社会混乱。生化武器一旦掌握在战争狂人、恐怖分子手中，后果不堪设想，一切爱好和平的国家和人民对此不能掉以轻心！

络战登上战台

在1991年爆发的海湾战争中,伊拉克军队损失惨重,短短42天的战斗,伊拉克军队伤亡人数高达十多万人,相反,多国部队死亡仅仅126人。伊拉克在多国部队的攻击下几乎毫无还手之力,就连当时的美军司令也颇感意外,说道:"这简直是个奇迹。"

为什么萨达姆控制的"第四军事强国"会输得那么惨?为什么多国部队会创造意料不到的奇迹?

自然,伊军的惨败原因是多方面的,其中一个原因是多国部队动用了网络战武器。虽然,海湾战争中的多国部队针对伊拉克的军事行动还不能称作一次真正的网络战,但在战争中多国部队动用了计算机病毒武器,使其在战斗中发威,使现代网络战初露端倪。

网络战与网络战兵器

在信息时代,计算机网络正在以前所未有的速度向全球社会的各个角落辐射,其触角伸向了各个领域,军事领域也不例外,以计算机为核心的信息网络已经成为现代军队的神经中枢。

一旦信息网络遭到攻击并被摧毁,军队的神经中枢就瘫痪了,军队的战斗力就会大幅度降低甚至丧失,国家安全将受到严重威胁,国家机器将陷入瘫痪状态。1991年的海湾战争及2003年的伊拉克战争就是这样。

要组织、应对网络战就要有专门的网络战兵器和实施网络战部队。

网络战兵器种类有:计算机病毒武器、高能电磁脉冲武器、纳米机器人、网络嗅探和信息攻击技术。

计算机病毒武器是用修改其他程序的方法将自己精确拷贝或以可

能演化的形式放入其他程序中,从而感染它们。计算机病毒一旦发作,轻则干扰系统的正常运行,重则消除磁盘数据、删文件,导致整个计算机系统的瘫痪。计算机病毒的破坏作用完全取决于由计算机控制的武器系统本身的能力。计算机系统一旦被病毒程序所控制,就会"无恶不作"。

电磁脉冲武器,又称"第二原子弹",对电子信息系统及指挥控制系统及网络等构成极大威胁。常规型的电磁脉冲炸弹已经爆响,已经在现代战争中得到应用,专门用于网络战的核电磁脉冲炸弹也在向人类逼近。

作为网络战兵器的纳米机器人是一种对纳米空间进行操作的"功能分子器件",是可编程的分子机器人,它们进入计算机网络,用于执行它们的主要任务和制造出它们自身完美的复制体。它们以比癌症扩散还要快的速度布满信息网络,使信息网络很快瘫痪。

网络战与网络战兵器

网络嗅探技术和信息攻击技术是网络战基础技术，也是网络战中的常用武器。

网络嗅探技术是网络安全攻防技术中的重要手段，通过嗅探技术能以非常隐蔽的方式攫取网络中的大量敏感信息，而且其嗅探行为更难被察觉。对安全管理人员来说，借助嗅探技术，可以对网络活动进行实时监控，并进而发现各种网络攻击行为。

信息攻击技术的工具既可以是软件，又可以是硬件设备。信息攻击技术是黑客攻击手段，可分为非破坏性攻击和破坏性攻击两类。非破坏性攻击一般是为了扰乱系统的运行，并不盗窃系统资料，通常采用拒绝服务攻击或信息炸弹；破坏性攻击则以侵入他人电脑系统、盗窃系统保密信息、破坏目标系统的数据为目的。

计算机网络是各种网络战兵器的攻击对象和防卫目标，网络战和网络战兵器的出现和应用，必将会对未来战争模式和未来兵器的发展产生深刻影响。

网络战利器——计算机病毒

计算机病毒在互联网上到处肆虐，是互联网用户经常碰见、最头痛的问题。网络战专家把计算机病毒当作网络战武器使用。

计算机病毒是指编制者在计算机程序中插入的破坏计算机功能或破坏数据，影响计算机使用并且能够自我复制的一组计算机指令或程序代码。它具有非授权可执行性、隐蔽性、破坏性、传染性、可触发性。

网络战中的病毒武器与人们在互联网上遇到的病毒不同。普通病毒一旦施放出去，其传染范围有多宽，破坏效果有多大，流行时间有多长，病毒制造者心里多半没数。而病毒武器中的病毒是在普通病毒基础上发展演变而来的可控病毒，有明确的目标，那就是敌对国家的计算机和网络，不能波及和影响本国及其他无关国家。

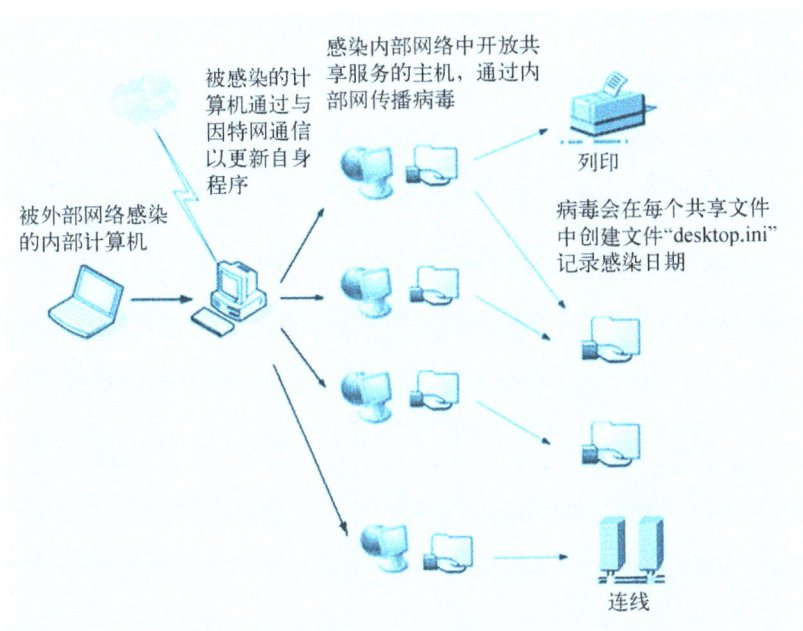

局域网病毒传播示意

计算机病毒武器像导弹那种精确制导武器一样,具有精确的目标定位和识别能力。虽然,它是"借道"其他计算机和网络进行传播,但只破坏特定范围内的计算机和网络。它也具有遥控功能,一旦战事结束或达到战斗目标即可自毁。

计算机病毒武器的隐蔽性极强,它可以采用加壳处理、多态变形、映像劫持等伪装欺骗技术,使它具有极强的反侦察、反破解能力,是一种超级隐形武器。而且,计算机病毒武器是一种低使用成本的隐形武器,可以长期潜伏,一旦需要即可引爆。所以,它是一种威力巨大的网络"定时炸弹"。

作为网络战主要武器的计算机病毒武器可以攻击互联互通的开放网络,还可以通过多种途径攻击物理隔离的封闭网络。

计算机病毒武器之所以厉害,是因为战场网络和军事指挥系统网络一旦遭受计算机病毒武器攻击,若无有效措施应对,就会使其网络智能终端被"一网打尽",造成作战体系瘫痪,指挥失灵,战斗力急剧下降,甚至不战自败。

"沙漠风暴"中的计算机病毒武器

海湾战争是从1991年1月17日巴格达时间凌晨2时40分左右开始的,以美国为首的多国部队向伊拉克发动了代号为"沙漠风暴"的大规模空袭。数以百计的飞机和巡航导弹从美国的各种军舰上、沙特阿拉伯的陆地基地上飞向伊拉克军事目标。

瞬时间,巴格达火光冲天、声震大地。伊拉克号称"第四军事强国",伊拉克军队有防空系统,有飞机、大炮和导弹保卫首都和重要目标。为什么不进行有效的抵抗?

原来,在这场战争中,以美国为首的多国部队所做的第一件事,就是利用计算机病毒武器摧毁伊拉克的由计算机网络控制的信息指挥系统。在海湾战争爆发前,美国情报部门知道了伊拉克军事部门在法国市场上买了一批新型打印机,这种打印机可用于防空系统的新型电脑。美国情报部门知道后,派出特工偷偷把一套带有计算机病毒的同类芯片换装到这种电脑打印机里。美国还故意"纵容"伊拉克把这批做了手脚的新型打印机顺利地偷运到巴格达。

新型打印机安装到了伊拉克防空系统的新型

"沙漠风暴"行动的大规模空袭

电脑上，病毒就这样侵入到了伊拉克军事指挥中心的主机。多国部队发动"沙漠风暴"行动空袭伊拉克时，美军用无线遥控装置激活了隐藏的病毒，是计算机病毒武器的网络攻击行动使得伊拉克的防空系统陷入了瘫痪。而伊拉克军队还不知不觉，被蒙在鼓里。

计算机病毒武器就这样在海湾战争中逞威，再加上"沙漠风暴"的大规模空袭，在战争开始的头3天内，伊拉克遭到多国部队4 700多架各式飞机和约200枚战斧式导弹的袭击，毫无还手之力。

号称"第四军事强国"的伊拉克军队就这样败下阵来，网络战中的病毒武器就这样粉墨登场。

应运而生的网络战部队

为实施和应对网络战需要，网络战部队应运而生。网络战部队是执行网络对抗任务的部队，主要任务包括网络侦察、网络攻击和网络防御。网络战部队主要由计算机、信息安全、密码学方面的专业技术人员组成，是一支知识密集型、技术密集型的高技术部队，而且，网络战部队将会日趋专业化。

目前，世界各国军队都十分重视计算机网络战准备，纷纷成立各种正式或非正式的计算机网络战部队。

美国作为世界最大的军事强国和计算机网络的发源地，拥有世界上最庞大的计算机网络系统和最发达的网络技术。美国军队的网络化水平在世界上遥遥领先，其军事系统对计算机网络的依赖性也最强。因此，美国十分重视加强网络战建设。美军组建了世界第一支具有实战意义的网络战部队，即第609中队。美国网络战部队的主要任务是监视通过因特网进入美国计算机网络的数据通信，保护美军的网络信息，防止黑客闯入美国的重要网络等。

英国也建有自己的网络战部队。在1999年的科索沃战争后，英国陆军迅速行动,建立网络作战单位,集中研究防范各种最新病毒的措施,并研究开发有关网络进攻的措施,以应对日渐增加的网络战威胁。

据美国媒体曝光,美国已研制、掌握一种秘密的网络战技术,可以成功植入没有联网的电脑,对其数据进行任意更改。这一技术自2008年以来一直在使用,目前已经在全球10万台电脑上植入,最重要的监控对象便是中国军方。中国是网络攻击的受害国,中国军队接入国际互联网用户终端遭受大量境外攻击,相当一部分数量的攻击源来自美国。

美国常常指责中国进行"黑客攻击",指控中国政府组织支持"黑客攻击"。而事实证明,是美国一直在对中国做这样的事情。斯诺登事件暴露了美国有计划、成体系、全面的"黑客攻击"、窃取情报活动。为此,斯诺登事件惊动了全世界,使美国"黑客攻击"活动暴露无遗。

中国军事专家在公共媒体上披露,中国没有网络战部队,也没有组织"黑客攻击"活动,网络空间也基本处于不设防的状态。专家们认为,中国有必要尽快制定网络空间的国家战略,宣示国家意志,明确战略目标。

现代社会信息化网络空间的争夺将日趋激烈,并成为国家战略利益拓展的新制高点。每个国家都应该以专业和负责任的态度,加强网络空间战略预警,以确保及时感知预警,积极防御。

美国的网络战部队

研制中的新兵器

高科技的出现改变了世界的面貌，也改变了兵器的面貌。高科技一出现就应用在军事上，出现了一大批高科技兵器。高科技兵器是在高新技术基础上发展起来的新兵器，是高科技在军事上的应用。现在世界上发达国家投入大量人力、物力于研制、发展高科技兵器，这必将促进兵器的发展。而这些新兵器在未来战场上的应用，必将改变未来战争方法和样式。

高科技在军事上的应用，已经出现和将要出现一批新兵器技术群体，它们有着新的原理概念、新的结构材料，具有技术含量高、战斗威力大、战斗用途广的特点。对此，热爱和平的人们不能掉以轻心。

隐形兵器的天敌

20世纪90年代初的一天，一架美国隐形飞机正在进行飞行训练。当它飞近一个基地上空时，突然失控坠落，两名飞行员身亡。

基地是美国自己的，隐形飞机怎么会突然机毁人亡呢？

专家们进行调查后才知道，该基地正在进行微波武器试验，是微波武器试验时辐射的微波导致隐形飞机机毁人亡。

早在19世纪，物理学家赫兹就认为电磁波是一种可以利用的动力源。在"二战"前，就有人提出利用电磁波击毁飞机的设想，并进行了研究。"二战"期间，航空母舰上有舰员发现，当舰上的大功率雷达工作时，对在航空母舰附近飞行的飞机上电器设备有干扰。

"二战"后的冷战期间，美、苏两国的海军常在公海上对峙。一次，美国的一艘航空母舰在公海上执行任务时，遇到苏联电子侦察船的跟踪和纠缠。美国的武器专家想了一个办法：把航空母舰上所有的雷达天线对准电子侦察船，并把舰上各种无线电装置的功率调到最大，发射强大的微波。这办法真管用！苏联电子侦察船灰溜溜地开走了。原来，航空母舰发射的强大微波使电子侦察船的电子设备遭到了破坏。

美国从1987年开始研究微波武器对空中飞机、导弹的破坏作用。20世纪90年代，美国加快了微波武器的发展步伐，并开始装备部队。

微波武器又叫"射频武器"，它发射的微波是一种高频电磁波，波长范围为0.01～1000毫米，它可利用特殊天线汇聚成方向性好、能量密度高的波束，在空中以光速沿直线传播。微波武器发射的微波与被照射物体之间的分子互相作用时，电磁能转变成热能，瞬间使被照射物体内外受热，产生高温，烧毁被照射物体，起到杀伤破坏作用。

微波武器具有威力大、作用距离远的特点，是战场上看不见

美国研制的一种微波武器系统

的杀手。特别是对于隐形飞机，杀伤作用更大。隐形飞机为减少雷达反射波，用能吸收雷达波的材料制造，表面还涂上能吸收雷达波的涂料。这样，隐形飞机受到微波武器攻击时，机体瞬间被加热，导致机毁人亡。所以，微波武器是隐形飞机的克星。

同样道理，微波武器对其他隐形武器，包括隐形坦克、隐形导弹、隐形战车、隐形舰艇来说，都是可怕的杀手。可以这样说，微波武器是隐形武器的天敌。

微波武器由超高功率的微波发射机、大型天线、电源瞄准及控制系统组成，可使微波能量高度集中，以极高功率射向目标，不仅可以干扰和烧毁武器系统中的电子设备，还可以杀伤战斗人员。它能穿透大于其波长的缝隙，杀伤目标内部的人员，连封闭的工事、装甲车里的战斗人员也难于幸免。

微波武器有两类：第一类是非杀伤性微波武器，用于干扰、破坏敌方的电子设备和技术装备；第二类是杀伤性微波武器，功率大，是利用微波能量来杀伤破坏敌方目标，包括敌方的飞机、导弹、坦克、战车、舰艇。

让战机失魂的激光兵器

1982年，英、阿马岛战争中，一次阿根廷空军战机对英国海军舰艇进行袭击，两架阿根廷战斗机突然直冲大海，另一架战斗机像失了魂似地飞向己方的火力密集区，被己方火力击落。阿根廷空军指挥人员目瞪口呆，不知怎么回事。

直到几年后，才揭开了谜底。原来阿根廷战机是被装备于英国舰船上的激光致盲兵器所击中，飞行员失明才发生机毁人亡的惨剧。被激光致盲的不只是阿根廷战斗机上的飞行员，1980年秋天，一名美国士兵在一次军事演习中，因肉眼观察演习场上的"敌方"坦克，被"敌方"坦克上的激光目标照射器所发射的激光致盲。1987年9月30日，美国一架海军侦察机在太平洋上空观测苏联洲际导弹试验，受到海上一艘苏联试验船上激光的照射，侦察机驾驶员视力模糊不清达10分钟之久。

激光兵器是利用激光的高亮度、波长单一、定向性好及具有相干性等特性制造的兵器。它直接利用激光巨大的瞬时能量来照射目标，起到杀伤作用。利用激光的杀伤作用进行作战的兵器便是激光兵器。

激光兵器种类很多，最常用的是激光致盲兵器。英国国防部研制了一种激光眩目装置，它呈长方形，长1.5米，像一门小型火炮，可装在舰艇甲板上，是一种舰载激光致盲兵器。它的激光器发射蓝色激光束，作用距离5千米。在英国的许多护卫舰及"无敌"号航空母舰上就装备这种激光致盲武器。马岛战争中阿根廷的3架战斗机就是受到这种激光致盲兵器发射的激光照射而使飞行员失明，战机坠入海中。

激光致盲兵器作为一种近程激光兵器，是一种利用发射激光束来干扰或破坏人的视觉和武器的光电装置的战术武器。激光所以能致盲或使人暂时失明，是由于人的眼睛对激光最敏感，是最容易受激光辐射伤害的人体部位，人眼吸收光的能力极强，并能将光能转换成热能，灼烧眼睛。要是这种损伤发生在视网膜上处，就会严重损害视力，甚至失明。激光束对光学装置形成危害，使其失去固有的传感器功能。

防空激光兵器，又称"激光炮"，是一种近程激光兵器，可安装于舰船、飞机、坦克和地面阵地上，用于对付来袭的飞机、导弹、制导炸弹与炮弹。防空激光武器利用发射激光束，毁伤敌方飞机及制导武器的壳体、制导系统、燃料箱、天线导流罩等"硬"设备及损伤它们的火控系统中的光电传感器等"软"设备，拦截来袭的飞机、导弹、制导炸弹等，特别适合于拦截巡航导弹。

德国于20世纪80年代研制了一种车载防空激光兵器，装于德国的坦克上，它具有"软"、"硬"两种破坏功能，它发射的激光束可破坏、摧毁在10千米范围内的来袭飞机、导弹，并能致盲20千米内的光电传感器，使其失效。

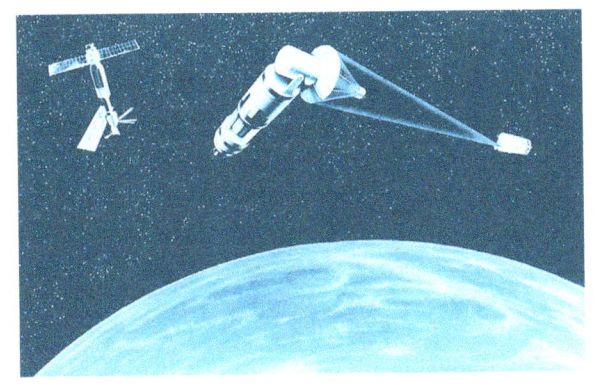

天基激光兵器设想图

远程激光兵器用于执行战略任务，是一种战略激光兵器，分为反卫星激光兵器和反战略导弹激光兵器。反卫星激光兵器用于摧毁敌方各种侦察卫星、预警卫星等敌方军用卫星，或使其失效；反战略导弹激光武器用来对付敌方远距离发射的洲际导弹、中程导弹。由于激光传播速度快，当敌方发射远程战略导弹时，反导弹激光兵器可发射激光束，将战略导弹摧毁在发射阵地上。

还有人设想发展一种天基激光兵器，安装在军用卫星上，这些军用卫星能覆盖全球，可以有效地防御洲际导弹的袭击。它们发射的激光束，能即刻摧毁空间飞行的敌方军用卫星、航天飞行器、远程导弹与飞机，组成全球盾牌。

杀人不见血的次声兵器

1968年4月6日，法国港口城市马赛郊外，老约翰一家10多口人正围着餐桌准备用餐。一阵阵微风吹来，老约翰栽倒在餐桌旁，老约翰的家人还没有反应过来，接着是老约翰的老伴、女儿、孙子一个个倒了下去。几分钟后，老约翰一家10多口人都停止了呼吸。离老约翰家不远处，另一家10多口人也一个个倒下，离奇地死去。

不久，驶来一辆警车，警车上下来几名便衣，把死去的人一个个抬走。警车很快开走了，行动十分诡秘。后来，在媒体上泄露了秘密，原来，在附近有一家国防科研所在研究次声兵器，由于工作失误，使附近几十人意外死亡。

次声杀人早有记录。1890年，一艘由新西兰驶往英国的帆船，途中神秘失踪。20年后，这艘帆船被发现，船上一切原封不动，船员都死在各自岗位上。经过科学家研究，帆船上船员都死于海洋风暴产生的次声。1948年，一艘荷兰货船在通过马六甲海峡时，全体船员突然死亡，死者没有外伤，也没有中毒现象，后来经过研究才知道，荷兰货船上的船员也是死于次声。

次声能杀人，而且杀人不见血！

次声是一种振动频率极低的声波。通常人耳听到的声音的频率范围为20～20 000赫，低于20赫的声波便是次声。次声波的波长长，传播时能量消耗极小，所以，次声波传播距离远，远比一般声波、光波、无线电波传得远。1960年，智利大地震产生的次声波传遍全世界。1961年，苏联在北极地区进行一次核爆炸，产生的次声波绕地球转了5圈。

次声不仅可以穿透空气、海水、土壤，也可以穿透工事、掩蔽所、建筑物，还可以穿透飞机、坦克、舰艇，杀伤战斗人员。

次声对人员的杀伤作用的原理，是由于引起人体中与其频率相近的器官发生共振，其中对人的心脏影响最严重，能使人的心脏狂跳，血管破裂，致人死亡。次声对兵器的破坏作用是产生结构共振，使飞机解体、坦克裂缝、舰体破坏，从而失去战斗作用。

正是由于次声对人员、武器装备的杀伤和破坏作用，使得武器专家产生制造次声兵器的设想。苏联曾经研制次声兵器，想用它来威胁西方国家。苏联研制的次声兵器是借助次声波对人体内脏进行粉碎性次声振荡来起到杀伤作用，它对建筑物和武器设备不会造成损坏。

一种发射次声的特种车辆

设想中的次声兵器有以下三类：

一是次声战斗部，制成次声炸弹或炮弹，用军用飞机投掷或用火炮、导弹发射，利用战斗部爆炸产生的次声，对目标产生软杀伤作用。

二是大功率次声发生器，定向地向敌方目标发射次声，破坏敌方武器装备。

三是次声探测设备，接收敌方火箭、导弹发射及核爆炸产生的次声波，起到监视和预警作用。

由于次声兵器存在许多技术难题，现在仍处于设想、研制阶段，离实际应用还有相当一段距离。

粒子束兵器的奥秘

1978年的一天，美国的一颗预警卫星在苏联中亚地区上空测得大量核辐射。几天后，一架美国气象侦察机飞经阿留申群岛也测到一种核辐射。据推算，这种核辐射也来自苏联中亚地区。

核辐射来自核爆炸，是核武器爆炸产生的辐射线。但是，美国情报部门没有发现在此期间苏联在中亚地区进行过任何核武器试验，也没有爆炸过任何类型的核装置。经过军事专家们分析、研究，这个核辐射之谜被解开了，原来苏联军事部门在中亚地区进行粒子束兵器试验，是粒子束兵器试验产生的核辐射为美国的预警卫星、侦察机所探测到。

粒子束兵器是一种定向能武器，它发射的是粒子，诸如电子、质子、中子、重离子等，高能射速沿一定方向传播，直接射击目标，摧毁目标。粒子束武器是通过粒子加速器将电子、质子、中子、重离子等基本粒子进行加速，使它们达到每秒几万千米至接近光速，射向目标。高能粒子束作用于目标，其高速动能转换成热能，从而摧毁目标。

发展粒子束兵器的设想始于20世纪40年代。50年代后，苏联、美国等国家开始致力于粒子束兵器的研制。苏联最先进行粒子束兵器的研制，并投入大量人力、物力，到1968年完成了实验室的粒子发射、调整和控制等技术设计。

粒子束兵器有许多种类。按照所发射的粒子流是否带电，可分为带电粒子束兵器和中性粒子束兵器。按照粒子束兵器所发射的粒子束射程远近，可分为以下几种：近程粒子束兵器，射程在1千米以内，用于对付来袭的低空目标；中程粒子束兵器，射程在5千米左右，用于区域防卫；远程粒子束兵器，射程在10千米左右，也用于区域防卫；超远程粒子束兵器，射程在几百千米，用于拦截来袭的弹道导弹、太空飞行器、军用卫星，它要求具有极高的功率和非常精密的瞄准跟踪系统。按照兵器系统所在位置，分为：设置在地面上的陆基粒子束兵器；设在舰船上，用于拦截巡舰导弹和舰船防空的舰基粒子束兵器；设在卫星、航天器上天基粒子束兵器，用于在外层空间对付来袭的导弹及其他天基武器，也可作为对地面目标攻击的兵器。

不论哪种类型的粒子束兵器，它们所发射的高能粒子以接近光速的速度前进，可在瞬时命中目标，具有软、硬杀伤能力：既能破坏目标表面，摧毁目标，起到硬杀伤作用；又能穿透目标内部，瞬间将能量转到目标深处，起到软杀伤作用。粒子束兵器使用灵活，能快速转换，识别能力又强，不受电子诱饵、红外诱饵的欺骗，可以对多个目标进行攻击，在一个目标被击毁后，可以迅速地转向另一个目标，用它可以对付密集导弹的攻击。

由于高能粒子束兵器具有上述特点，它适合于对付空中目标，作为防空武器，特别适合于对付来袭的导弹，可谓是导弹的克星。它被广泛应用于空战、坦克战、海战，用来击毁坦克，击沉舰船，击落飞机，并使导弹失控，卫星致盲。高能粒子束兵器将在未来的战争舞台上大显身手。

翻天覆地的纳米兵器

一个海港之夜，不远处的海面上出现一个柱形浮标状物体，这柱形浮标弹射出一个个外形奇特的飞行物。那是在弹射无人机，一架架无人机飞到了城市上空，投下一个个纳米机器人，地面上出现了成群结队的蚂蚁、昆虫样的微型机器人，它们熟门熟路地寻找各自的攻击目标，就像发生在小人国里的神奇战争，在普通人无法察觉的时候，一场纳米战争拉开了战幕。

这是军事专家们设想的一场纳米战争的开场。纳米战争由纳米兵器唱主角，纳米兵器是一种由纳米技术和纳米材料制造的高科技兵器。

纳米兵器应用范围广泛，空中、陆地、海洋都是纳米兵器表演的舞台。纳米飞机、纳米直升机是一种利用纳米材料制成的作战机，只有苍蝇般大小的袖珍飞行器，可携带各种探测设备，还可携带微型纳米激光导航炸弹。它们可以从舰艇或潜艇起飞，可飞行400~800千米，能秘密地部署到敌方信息系统和武器系统的内部或附近，监视敌方情况。

美国科技人员想在2015年之前，制造出鸟类大小的可以侦察大规

模杀伤武器的微型无人机,还想在2030年之前,制造出昆虫大小的可以侦察大规模杀伤武器微型无人机。

在未来战争中,军用机器人士兵将成为对敌作战的主力。军用机器人已经出现在现代战争中,在伊拉克战争、阿富汗战争中,就有军用机器人的身影。纳米机器人是军用机器人的后起之秀,它们是用纳米技术和纳米材料制造的一群微型机器人,可以代替一线作战的士兵,在陆战场上搏杀,以减少人员伤亡。

有人设想一种通过声波控制的纳米机器人,称为"蚂蚁雄兵"。这些机器人比蚂蚁还小,但具有惊人的破坏力。它们可以通过各种途径钻进敌方武器装备中,长期潜伏下来。一旦启用,这些"纳米士兵"就会各显神通,有的专门破坏敌方电子设备,使其短路、毁坏;有的充当爆破手,用特种炸药引爆目标;有的施放各种化学制剂,使敌方金属变脆、油料凝结,或使敌方人员神经麻痹、失去战斗力。

陆战场上的纳米机器人大小介于甲虫到蜥蜴之间,使用机械腿或者翅膀,可以爬行、跳跃,潜伏到建筑物、洞穴、墙壁之后,隐藏起来,搜集周围环境的声音、图像、热量等信息和有关数据,并把这些信息、数据传递到指挥所。

军用纳米机器人除了搜集情报,执行侦察任务外,也可以携带炸药,执行战场攻击任务。不计其数的纳米机器人士兵可以在战斗打响前送到敌方境内潜伏下来,战斗打响后,这些纳米机器人士兵可以根据指令,完成各种作战任务。

用纳米材料和纳米技术制造的纳米潜艇有"聪明表皮",可以灵敏地"感觉"水流、水温、水压等极细微的变化,并最大限度地降低噪声、节约能源,也能提前察觉来袭鱼雷、导弹,以及时规避。

纳米潜艇可在水下发射纳米鱼雷,让纳米鱼雷隐蔽地接近敌人目标,集群地进行鱼雷攻击。设想中的纳米鱼雷是用纳米材料和纳米技术制造的鱼雷,雷体只有炮弹一般大小,但它的威力却是一般鱼雷的几倍,速度超过现役鱼雷五倍之多,并具有相当的隐身和突防功能,可进行远距离进攻,而且,不易被敌人的声呐等水声探测器材所发现。这种纳米鱼雷使敌方水面舰船防不胜防,难逃覆没下场。

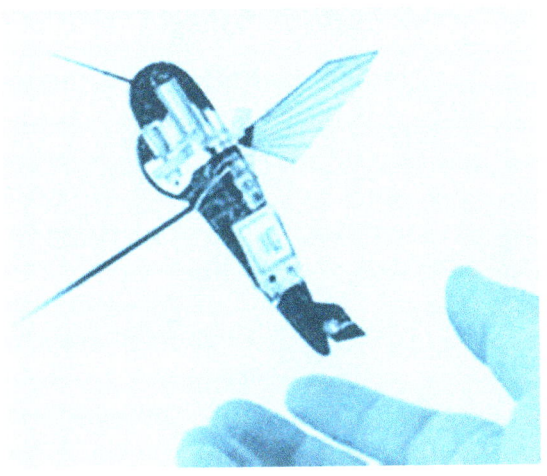

纳米飞行器

形形色色的纳米兵器在陆海空战场上的出现和应用,必将改变未来战争的方式和形态,使兵器世界和军事领域发生翻天覆地的变化。

图书在版编目(CIP)数据

冷酷兵器/施鹤群编著. —上海：上海辞书出版社, 2014.11
(发现世界丛书/褚君浩主编)
ISBN 978-7-5326-4223-6

Ⅰ.①冷… Ⅱ.①施… Ⅲ.①武器-世界-普及读物
Ⅳ.①E92-49

中国版本图书馆CIP数据核字(2014)第140008号

策划统筹	蒋惠雍
责任编辑	董 放
助理编辑	陈安慧
整体设计	赵晓音

发现世界丛书
冷酷兵器
施鹤群 编著
上海世纪出版股份有限公司
上海辞书出版社　出版、发行
中国图书进出口上海公司

2014年11月第1版
ISBN 978-7-5326-4223-6/E·21

www.ingramcontent.com/pod-product-compliance
Lightning Source LLC
Chambersburg PA
CBHW051047160426
43193CB00010B/1096